지방자치의 이해

정일섭

도서출판 대영문화사

머리말

1991년 30년 만에 부활된 지방자치가 실시된 지 어느 새 20여 년이란 세월이 흘렀다. 그 동안 지방자치에 주민 직접참여제도가 강화되고, 지방의원도 무보수 명예직에서 유보수 전문직으로 전환되는 등 많은 변화가 있었다. 아울러 지방의원이나 지방자치단체장에 진출하고자 하는 지방정치 지망생의 수도 크게 증가했다. 지방자치가 주민의 일상생활에 미치는 영향이 크다는 것을 실감한 일반 주민들도 지방선거뿐 아니라 지방자치 전반에 대한 관심이 크게 늘어났다.

이러한 가운데 지방자치에 대해 좀 더 쉽게 이해할 수 있는 책에 대한 요구가 적지 않게 제기되었다. 그것은 대학의 전공 학생을 위한 교재는 무수히 많이 출판되었지만 일반 주민이나 지방정치 지망생을 대상으로 하는 책이 부족했기 때문이다. 이러한 요구에 부응하기 위해 이 책을 내게 되었다. 따라서 비전공자의 눈높이에 맞추어 복잡한 내용을 간단하고 쉽게 쓰고자 노력했다. 이 책은 저자의 『한국지방자치론』을 중심으로 비전공자의 눈높

이에 맞추어 만들어진 책이다. 따라서 좀 더 자세한 내용이 필요한 경우에는 저자의 『한국지방자치론』을 참고하면 도움이 될 것이다. 아무쪼록 이 책이 지방자치에 대한 이해를 높여 한국의 지방자치가 발전하는 데 조금이나마 기여하기를 바란다.

2010년 3월

정일섭

차 례

제 1 장 지방자치의 의의

* 지방자치의 의의 ── 지방(地方) + 자치(自治)

* 지방자치의 필요성
  - 잘할 수 있는 일
  - 경제적으로 할 수 있는 일

* 지방자치의 3요소 ── 국가의 3요소
  - 구역 - 영토
  - 자치권 - 주권
  - 주민 - 국민

제 1 절 지방자치의 의의

지방자치(地方自治)란 지방과 자치라는 두 단어가 결합된 것이다. 즉 지방에서 이루어지는 자치란 의미이다.

지방(地方)이란 국가의 한 부분을 의미한다. 즉, 서울이 아닌 그 외 지역을 의미하는 것이 아니라 국가 전체가 아닌 국가의 한 부분을 의미한다. 따라서 지방자치에서 의미하는 지방에는 서울이 포함되며, 서울특별시장도 지방자치단체장의 하나이다.

자치(自治)란 스스로 '자(自)'에 다스릴 '치(治)'이다. 자치가 이루어질 수 있는 것은 국민 주권이 인정되기 때문이다. 국민이 국가의 최고 권력인 주권을 가지고 있기 때문에 국가의 모든 사항을 국민이 스스로 처리할 수 있는 것이다. 미국의 16대 대통령 링컨(Abraham Lincoln)이 게티즈버그에서 한 연설 중 '인민(人民)에 의한(by the people)'의 의미가 바로 자치를 의미하는 것이고, 이러한 자치가 지방에서 실현되는 것이 바로 지방자치이다. 민주국가에서 자치는 국가 단위와 지방 단위에서 이루어진다. 국가 단위의 자치는 국민자치로, 지방 단위의 자치는 주민자치라고 할 수 있다. 국가의 구성원은 국민이고, 지방자치단체의 구성원은 주민이기 때문이다. 물론 대부분의 경우 주민은 동시에 국민이다.

지방자치의 개념은 매우 다양한데, 그 이유는 각국이 자기 나라에서 발전한 자치 형태에 대응한 자치의 개념을 구성하기 때문이다. 지방자치의 개념을 좀 더 구체적으로 정리해 보면 다음과 같다.

지방자치란
1. 주체 - 주민이
2. 목적 - 지역의 발전과 복리 증진을 위해
3. 재원 - 지역에서 조달한 재원에 의해
4. 대상 - 일상생활과 밀접하게 관련된 지역적 사무를
5. 방법 - 스스로 또는 대표자의 선출을 통해 자주적으로 처리하고, 그 결과에 대해 책임지는 제도이다.

제 2 절 | 지방자치의 필요성

민주국가에서 자치는 국가 단위와 지방 단위에서 이루어질 수 있다. 그런데 여기서 "국가 단위에도 자치의 원리가 적용되는데, 굳이 지방 단위에까지 자치의 원리를 적용해야 할 필요가 있는가?" 하는 의문이 제기될 수 있다. 즉, 국가 단위에서 주권자인 국민이 국가원수인 대통령과 국민의 대표인 국회의원을 선출하고, 이들이 행정부와 입법부를 구성한다. 국민대표기관인 국회에서 법률을 제정하고 예산을 비롯한 국가의 중요한 의사결정을 하며, 행정부는 이를 구체화한다. 사법부는 입법부에서 제정한 법률을 통해 위법성 여부에 대한 판단을 한다. 그리고 대표자에 의한 대의민주제의 한계가 있는 경우에는

국민투표와 같은 직접참정제도를 통해 이를 보완한다.

이같이 국가 단위에 자치의 원리가 적용됨에도 지방 단위에 자치의 원리를 적용해야 하는 이유를 크게 나누면 다음과 같다.

첫째, 지방이 더 잘할 수 있는 일은 지방이 하는 것이 바람직하다.

예를 들어 시내버스 노선은 지역에서 생활하는 주민이 참여해서 결정한다면 누구보다도 가장 편리한 노선을 결정할 수 있을 것이다.

둘째, 지방이 더 경제적으로 할 수 있는 일은 지방이 하는 것이 바람직하다.

'규모의 경제'라는 측면에서 국가보다 지방이 더 경제적으로 처리할 수 있는 일이 있다. 그런 일은 지방이 하는 것이 바람직하다.

제 3 절 | 지방자치의 3요소

국가를 구성하는 3요소가 영토와 주권과 국민이듯이 지방자치의 3요소도 지방 차원에서 영토에 대응하는 구역, 주권에 대응하는 자치권, 국민에 대응하는 주민이다. 여기서 구역이란 좀 더 정확히 설명하면 지방자치가 이루어지는 지역적 단위, 즉 자치구역을 의미한다. 따라서 광역자치단체의 구역은 기초자치단체의 구역을 포함한다.

자치권은 자치를 할 수 있는 권한을 의미한다. 자치권이 주어지지 않으면 자치를 할 수 있는 법적 자격이 주어지지 않는다. 1950년대 우리나라 농촌 지역의 기초자치단체는 읍과 면이었다. 즉 농촌 지역에는 읍과 면이 자치권을 가진 자치단체였다. 그러나 1961년 지방자치에 관한 임시조치법에 의해 읍과 면은 자치권을 상실하고 군이 기초자치단체가 되었다. 현재도 특별시나 광역시의 구는 자치권을 갖는 자치구이지만 인구 50만 이상의 도시에 설치된 구는 자치권이 없는 행정구이다.

주민은 지방자치단체의 관할 구역 안에 주소를 가진 자이다(지방자치법 제12조). 따라서 외국인은 국적을 가지고 있지 않기 때문에 국민이 될 수 없지만 주민이 될 수는 있다. 또한 기초자치단체의 주민은 동시에 광역자치단체의 주민이 된다.

[그림 1-1] 지방자치의 3요소

지방자치의 3요소		국가의 3요소
구역	-	영토
자치권	-	주권
주민	-	국민

제 2 장 한국 지방자치의 역사

* 초창기(1948~1961) - 1949. 7. 4 지방자치법 제정
1952. 4. 25 제1대 시·읍·면의원 선거
1952. 5. 10 제1대 도의원 선거
1956. 8. 8 제2대 시·읍·면의원 선거
1956. 8. 13 제1대 시·읍·면장 선거
제2대 도의원 선거
1960. 12. 12 제1대 서울특별시의원 선거
제2대 서울특별시의원
제3대 도의원 선거
1960. 12. 19 제3대 시·읍·면의원 선거
1960. 12. 26 제2대 시·읍·면장 선거
1960. 12. 29 제1대 서울특별시장 및
도지사 선거

* 정지기(1961~1991) - 1961. 5. 16 군사혁명위원회 포고령 제4호
지방의회 해산
1961. 9. 1 지방자치에 관한 임시조치법

읍·면자치의 폐지와 군(郡)자치의 실시
지방자치단체장은 국가공무원으로 임명
지방자치법상 의회 의결을 요하는 사항
도와 서울특별시 - 내무부 장관의 승인
시와 군 - 도지사의 승인

* 부활기(1991 ~) - 1991. 3. 26 기초의원선거
1991. 6. 20 광역의원선거
제1회 동시지방선거(1995. 6. 27)
제2회 동시지방선거(1998. 6. 4)
제3회 동시지방선거(2002. 6. 13)
제4회 동시지방선거(2006. 5. 31) 기초의원 정당 추천
제5회 동시지방선거(2010. 6. 2) 교육감, 교육위원 직선

우리나라의 지방자치는 1961년 5·16 군사쿠데타에 의해 지방의회가 해산된 때를 기준으로 그 이전과 정지기, 그리고 부활된 1991년 이후로 나눌 수 있다.

제1절 | 초창기(1948~1961)

제헌헌법은 제96조에서 "지방자치단체는 법령의 범위

내에서 그 자치에 관한 행정사무와 국가가 위임한 행정사무를 처리하고 재산을 관리하며, 법령의 범위 내에서 자치에 관한 규정을 제정할 수 있다"고 규정하고, 제97조에서는 "지방자치단체의 조직과 운영에 관한 사항은 법률로 정하며, 지방자치단체는 각각 의회를 두고 지방의회의 권한과 의원의 선거는 법률로써 정한다"고 규정하고 있었다.

그러나 정부와 국회 간의 의견 차에 의해 지방자치법의 제정이 지연되다가 1949년 7월 4일 법률 제32호로 제정·공포되어 같은 해 8월 15일부터 시행되었다. 그런데 같은 법 제75조에 "지방의회 의원선거는 대통령령으로 늦어도 선거일 전 70일 전에 공포하여야 한다"고 규정하고 있어서, 선거의 실시는 결국 대통령의 판단에 의존하게 되었다. 이 같은 규정에 따라 지방자치법이 제정되었음에도 불구하고 정부 수립 후 여러 가지 행정 체제의 미비와 국내 치안 상태의 불안을 이유로 지방의회 의원 선거는 무기한 연기되었다.

당시 지방자치법의 주요 내용은 다음과 같다(임승빈, 2006: 122-123).

첫째, 지방자치단체의 종류는 서울특별시와 도, 시·읍·면으로 한다.

둘째, 서울특별시장과 도지사는 대통령이 임명하고 시·읍·면장은 의회에서 무기명 투표로 선출한다.

셋째, 지방의원은 임기 4년의 명예직으로 한다.

넷째, 지방의회에는 자치단체장에 대한 불신임권을, 자치단체장에게는 지방의회의 해산권을 부여한다.

그후 정부는 1952년 2월 6일자로 대통령령 제605호를 발하여 최초의 시읍면선거를 4월 25일에 실시한다고 발표했다. 1952년 2월에서 4, 5월의 당시 국내 정세는 지방의원선거를 실시하기에 적합한 상황은 아니었다. 비록 휴전회담은 열리고 있었지만 전투행위는 계속되었고, 서울특별시와 경기·강원도는 행정기관의 수복도 다하지 못한 상태에서 비상계엄령이 선포되어 있었기 때문이다.

이승만 대통령은 1948년 7월 20일에 임기 4년의 대통령으로 제헌국회에서 간접선거로 선출되었다. 따라서 대통령의 임기는 1952년 7월에 끝나게 되어 있었다. 그런데 1952년 초의 국회의원 중 과반수 이상은 이승만 대통령의 맹신자 또는 추종자가 아니었다. 따라서 국회의 간접선거에 의한다면 대통령에 재임될 가능성이 극히 희박한 상황이었다. 이러한 사정으로 정부는 대통령의 직선제와 양원제를 골자로 하는 개정안을 1951년 11월 30일 국회에 제출했으나 1952년 1월 18일 재적 175명, 총투표자 163명 중 찬성 19, 반대 143, 기권 1이라는 절대 다수로 부결되었다(손정목, 1992b: 145). 이러한 상황 속에서 이승만은 대통령 직선제 개헌을 지지해 줄 전국적인 지지 기반을 확보하기 위해 지방의원 선거를 실시하게 된 것이다.

그 후에도 지방자치법은 이승만 정권의 정치적 이해

〈표 2-1〉 지방자치단체장 선출 방법의 변천

서울시장 도지사	구분	임명제			직선제
	기간	1949. 7.4~1960. 10.30 (11년 4개월간)			1960. 11.1~1961. 9.1 (10개월)
시·읍 면장	구분	간선제	직선제	임명제	직선제
	기간	1949. 7.4 (6년 5개월)	1956. 2.13 (2년 10개월)	1958. 12.26 (1년 10개월)	1960. 11.1~1961. 9.1 (10개월)

자료: 한국지방행정연구원(1999), 『지방자치·행정 50년사』, pp. 49-53.

관계에 의해 4차례나 개정되었다. 하지만 제2공화국의 출범에 따라 지방자치법은 1960년 11월 1일 다시 민주적으로 개정되었다. 지방자치단체장의 선출 방법은 <표 2-1>과 같이 변화되었다.

그러나 1961년 5·16 군사쿠데타에 의해 포고령 제4호로 전국의 지방의회가 해산되고, 그 후 30년간 지방자치는 정지되었다. 1961년 5월 22일 국가재건최고회의는 포고령 제8호로 지방의회의 의결을 요하는 사항을 읍·면은 군수, 시는 도지사, 서울특별시와 도는 내무부 장관의 승인을 얻어 집행토록 했다. 또한 국가재건최고회의령은 제42호 및 국가재건비상조치법 제20조에 따라 지방자치단체장을 임명제로 전환했다. 1961년 9월 1일 제정된 '지방자치에 관한 임시조치법'의 주요 내용은 군을 지방자치단체로 하여 읍·면 자치제를 폐지하고 지방자치단체장은 국가공무원으로 임명하도록 했다. 또한 지방자치법 중 의회의 의결을 요하는 사항은 도와 서울특별시는 내무부 장관의, 시와 군에서는 도지사의 승인을 얻어 시행하도록 했다.

제 2 절 | 정지기(1961~1991)

1961년 5·16 군사쿠데타에 의한 1년 7개월간의 군정의 뒤를 이어 1962년 12월 17일 국민투표로 확정된 개정헌법에 따라 1963년 10월 대통령선거와 11월 제6대 국회의원선거를 거쳐 12월 17일 대통령 박정희가 취임함으로써 제3공화국이 출범했다. 제3공화국 헌법에서는 헌법부칙 제7조 ③에 "이 헌법에 의한 최초의 지방의회의 구성 시기에 관하여는 법률로 정한다"고 규정했으나 지방의회의 구성 시기에 관한 법이 제정되지 않아 지방의회는 구성되지 못했다.

1972년 12월 27일 개정된 제4공화국 헌법은 부칙 제10조에 "이 헌법에 의한 지방의회는 조국 통일이 이루어질 때까지 구성하지 아니한다"고 규정하여 지방자치의 시행은 제3공화국 헌법 부칙의 규정보다 더욱 불확실하게 되었다.

제5공화국 헌법은 지방자치의 시행 시기에 대해 헌법부칙 10조에 "이 헌법에 의한 지방의회는 지방자치단체의 재정자립도를 감안하여 순차적으로 구성하되, 그 구성 시기는 법률로 정한다"고 규정했다. 이 헌법 규정이 함축하는 의미는 두 가지로 다음과 같다. 첫째는 지방자치의 실시 여부를 결정하는 헌법적 기준을 지방자치단체의 재정력으로 정한 것이고, 둘째는 지방자치의 실시 시기를 재정자립도에 따라 순차적으로 하도록 정했다는 점이다. 그러나 제5공화국에서도 지방의회의 구성 시기에 대한 법률을 정하지 못했다.

1988년 2월 출범한 제6공화국에서 1988년 4월 6일 전문 개정된 지방자치법이 공포되었다. 1988년 4월의 개정 법률에 따르면 시·군·자치구의회 의원선거는 법 시행일부터 1년 이내인 1989년 5월 30일까지 실시하고, 시·군·자치구의회가 구성된 날로부터 2년 이내에 시·도의회를 구성하게 되어 있었다(부칙 제2조). 그러나 1988년 4월 26일 실시된 제13대 국회의원 선거 결과 정치 구도가 여소야대로 바뀌자 야3당은 중앙집권적인 지방자치법으로는 지방자치를 실시할 수 없다고 주장했다. 이에 따라 1988년 12월에 야3당은 각각 독자적인 지방자치법 개정 법률안을 국회에 제출하여 1989년 3월 9일 야3당 합의로 지방자치법 개정 법률안이 국회를 통과했다. 그러나 노태우 대통령의 거부권 행사로 지방자치법 개정은 무산되었다. 이어 1989년 12월 19일에는 4당의 합의로 개정 법률이 국회를 통과했고 12월 30일 공포되었다. 이 법률에 따르면 지방의회 의원선거는 1990년 6월 30일 이내, 지방자치단체장 선거는 1991년 6월 30일 이내에 실시하도록 규정했다.

지방자치법이 개정된 후에는 지방의회의원선거법의 제정이 지연되면서 법정 시한인 1990년 6월 30일 이전의 의원선거가 불가능해졌다. 특히 쟁점이 된 것은 정당 추천제의 허용 여부에 관한 것이었다. 결국에는 여·야가 지방의원선거법을 1990년 3월에 개최된 임시국회에서 처리하지 않기로 합의하여 6월 30일 이내의 지방의원선거는 무산되고 말았다. 그 후 1990년 12월 정기국회에서 여·야 간에 극적인 타협이 이루어짐으로써 지방자치법 개정 법률안이 국회에서 통과되었다. 이 법률은 지방의회 의원선거는 1991년 6월 30일 이내, 지방자치단체장 선거는 1992년 6월 30일 이내에 실시하도록 규정했다.

제 3 절 | 부활기(1991~)

1961년 5·16 군사쿠데타에 의해 지방자치가 중단된 지 30년 만에 지방자치가 부활되어 기초의원선거(1991. 3. 26.)와 광역의원선거(1991. 6. 20.)가 실시되었다. 그러나 지방자치법에 규정되었던 지방자치단체장 선거는 1992년 6월 30일까지 실시되지 못했다. 그 후 문민정부 시기인 1995년 6월 27일 지방의원과 단체장을 동시에 선출하는 제1회 동시선거가 처음 실시되었다. 그 후 지방선거는 제2회(1998. 6. 4), 제3회(2002. 6. 13), 제4회(2006. 5. 31)가 실시되었고, 제5회(2010. 6. 2)가 예정되어 있다. 1991년 지방자치가 30년 만에 부활된 후, 그 동안의 주요 변화를 지방자치법 및 지방자치 관련법을 통해 살펴보면 다음과 같다.

1 1991. 12. 31의 지방자치법 개정

1) 지방의원의 체포·구금 시 영장 사본을 첨부하여 의장에게 통지하고 여비 지급
2) 기초의회의 상임위원회 설치
3) 지방의회 사무기구의 명칭 - 시·도는 사무처, 시·군·자치구는 사무국, 사무과

2 1994. 3. 16의 지방자치법 개정

1) 도농복합시의 설치
2) 주민투표 제도의 도입
3) 과태료 부과 권한 인정
4) 의정활동비 지급 근거 규정
5) 당해 지방의회의 국정감사권 및 행정 사무감사권 대행
6) 읍·면·동장의 일반직화

7) 분쟁조정위원회의 설치

8) 직무이행명령과 행정대집행 등

3 1994. 12. 20의 지방자치법 개정

1) 직할시의 명칭 변경 - 광역시

2) 광역시 · 통합시의 행정구역에 특례(광역시-군, 통합시-읍 · 면)

3) 지방자치단체장의 연임 제한 - 3기

4 1995. 6. 27의 제1회 동시지방선거

- 투표율 약 68.4%

5 1998. 6. 4의 제2회 동시지방선거

- 투표율 약 52.7%

6 1999. 8. 31의 지방자치법 개정

1) 조례 제정 및 개폐청구권 도입

2) 주민감사청구권 도입

3) 지방자치단체장의 권한 대행-궐위, 구금, 장기 입원 시 부단체장이 권한 대행
4) 지방자치단체분쟁조정위원회의 기능 강화 - 의결기구화, 직권조정제 도입
5) 지방자치단체장 등의 협의체 설립 근거 규정

7 2000. 1. 12의 지방자치법 개정

광역시의 부시장 및 도의 부지사 정수를 인구가 800만 이상인 경우에는 3인까지 둘 수 있도록 하고, 3인 이상 두는 시·도에 있어서는 그 중 1인으로 하여금 특정 지역의 사무를 관장하게 할 수 있도록 했다(지방자치법 제101조의 2).

8 2002. 3. 25의 지방자치법 개정

부단체장의 권한 대행 사유 확대 - 금고 이상의 형이 확정되지 않은 경우도 포함

9 2002. 6. 13의 제3회 동시 지방선거

- 투표율 약 48.9%

10 2003. 7. 18의 지방자치법 개정

- 도농복합 형태의 시 설치 근거 도입

11 2004. 1. 29 주민투표법의 제정

- 지방자치단체의 주요 결정 사항에 관한 주민의 직접 참여를 보장하기 위해 '지방자치법' 제14조에 의한 주민투표법의 제정

12 2005. 1. 27의 지방자치법 개정

1) 조례의 제정 및 개폐 청구 대상 제한(법령 위반 사항 제외)
2) 주민감사청구제도의 개선(요건의 완화)
3) 주민감사청구 대상의 제한(있었던 날 또는 종료된 날부터 2년 경과시 제외)
4) 주민소송제도의 도입
5) 지방의회 회기 운영의 자율성 확대
6) 위법한 지방의회의 의결에 대한 통제의 강화

13 2005. 8. 4의 지방자치법과 공직선거법의 개정

1) 회기수당의 월정수당으로 전환
2) 의정비 심의위원회의 신설
3) 부단체장의 권한 대행(단체장의 후보자 등록일부터 선거일까지)
4) 지방채의 발행(대통령령의 지방채 발행한도액의 범위 안에서 의회 의결)
5) 선거 연령의 19세 조정과 외국인에 대한 지방선거권 부여
6) 기초의원의 정당 추천

14 2006. 1. 11의 지방자치법 개정

1) 제주특별자치도의 설치
2) 조례 제정 · 개폐 및 감사청구권자의 연령 19세 조정
3) 조례의 제정 및 개폐 요건의 완화(필요한 연서 주민수를 조례로 결정)
4) 읍 · 면 · 동의 행정기구 설치시 시 · 도지사의 승인 폐지
5) 전국적 통일이 필요한 수수료에 대한 기준 제시
6) 지방자치단체 연합체 설립 근거 도입

15 2006. 5. 24의 지방자치법 개정

- 주민소환에 관한 법률 제정 내용 반영

16 2006. 5. 31의 제4회 동시 지방선거

- 투표율 약 51.6%

17 2006. 12. 20의 지방자치법 개정

- 지방의원의 교육위원 겸직

18 2009. 4. 1의 지방자치법 개정

1) 신규 토지의 귀속 절차의 제도화 - 중앙분쟁조정위원회의 심의를 거쳐 결정
2) 행정면의 통합 운영
3) 거주 외국인, 재외국민의 주민참여권 확대
4) 지방의원의 겸직 금지 및 영리행위 제한 강화
5) 지방공무원으로 보하는 부단체장의 임용 자격 확대 -일반직 지방공무원 추가
6) 지방자치단체의 유사 중복 자문위원회의 통합 운영 근거 도입

제 3 장 자치권

* 자치권의 의의

* 자치권의 근거
  - 고유권설
  - 전래권설
  - 제도적 보장설

* 자치권의 특성
  - 종속성
  - 자주성
  - 포괄성

* 자치권의 내용
  - 자치입법권
  - 자치행정권
    - 자치조직권
    - 자치행정권
    - 자치재정권
    - 자치계획권
  - 자치사법권

제1절 | 자치권의 의의

자치권이란 지방자치단체가 소관 사무를 자율적으로 처리할 수 있는 포괄적 권리와 능력을 말한다. 자치권은 자치입법권, 자치행정권 및 자치사법권으로 나누고, 자치행정권은 다시 자치조직권, 자치행정권, 자치재정권 및 자치계획권으로 나눈다.

제2절 | 자치권의 근거

1 고유권설

지방자치단체가 국가의 부분이라 할지라도 자치권은 지방자치단체에 고유한 것이라는 입장이다(장지호, 1992: 35).

1) 자연법 사상

프랑스혁명 당시 대표적 이론가인 투레(Jacques Guillaume Thouret)는 지방자치단체는 국가권(전 국민의 공통된 이익과 필요에 따라 행사되어야 할 능력과 권리)과 구별되는 지방의 이익 및 특성에 따라 행사되어야 할 능력과 권력으로 지방권을 제창했다. 프랑스혁명의 소산인 시민의 권리선언에 영향을 받아 개인이 국가 권력이 침해할 수 없는 천부적 기본권을 갖는 것과 같이 지방자치단체에 고유한 지방권도 국가 권력이 침해할 수 없다는 것이다.

2) 역사적 실태설

지방자치단체라는 역사적 실체는 국가의 형성보다 그 기원이 훨씬 오래되었고, 국가의 원조나 개입에 의해 발생한 것은 아니다. 지방자치단체는 국가로부터 권리를 받은 것이 아니라 오히려 국가가 그 권리를 지방자치단체로부터 인수했다는 것이다.

고유권설은 국가의 통제는 원칙상 배제하고 지방자치단체의 독립성을 중시하며, 국가의 존립과 발전을 저해하는 범위에서만 지방자치단체에 대한 국가의 통제가 허용된다는 것이다.

2 전래권설

지방자치단체는 법률의 창조물이며, 자치권은 국가로부터 수탁·전래된 권리이다. 모든 권한은 국가에 속하는 것이나 국가가 특히 필요하다고 생각하는 권한을 지방자치단체가 국가를 대신하여 행사하는 것을 승인·허용한 것이다.

지방자치단체는 국가로부터 허용된 권한을 행사하는 것이기 때문에 필연적으로 국가로부터 엄격한 통제를 받게 된다. 국가가 자기의 필요에 따라 지방제도를 개혁하더라도 지방자치의 본질에 위반되는 것은 아니다(장지호, 1992: 37-38).

3 제도적 보장설

지방자치단체의 자치권은 국가에 의해 승인된 지방자치단체의 권리라 할지라도 헌법에 의해 제도적으로 보장되고 있는 권리라는 것이다.

제도적 보장설은 슈미트(Carl Schmitt)에 의해 확립되었는데 전래권설과 유사하지만 역사적·전통적으로 확립된 일정한 공법상의 제도를 헌법에 보장함으로써 입법에 의해 변경하지 못하도록 한다는 데 그 특징이 있다(星野光南, 1982: 23-26).

따라서 지방자치를 법률로 파기할 수 없으며, 지방자치단체를 법률로 해지·해산하는 것도 원칙적으로 헌법위반이 된다. 제도적 보장설은 오늘날의 다수설이다.

제 3 절 | 자치권의 특성

자치권은 다음과 같은 특성을 갖는다(최창호, 2001: 243).

1 종속성

지방자치단체의 자치권은 국가 주권 아래의 권한이며 그 범위는 국법에 의해 정해진다. 국가와 지방자치단체 간의 권한 배분도 국가에 의해 정해지며, 권한의 행사도 국가로부터 일정한 감독과 통제를 받는다.

2 자주성

지방자치단체의 자치권은 시간적·공간적 상황에 따라 다양하지만 국가로부터 어느 정도의 독립성을 갖는다.

3 포괄성

지방자치단체의 자치권은 원칙적으로 해당 지방자치단

체의 관할 구역 안에 있는 모든 주민과 물건에 포괄적으로 행사된다.

제 4 절 | 자치권의 내용

지방자치단체의 자치권에 대해서는 많은 제약이 있다. 제약의 구체적인 내용에 대해서는 제10장 지방자치단체와 중앙정부와의 관계에서 설명하기로 한다.

1 자치입법권

자치입법권은 지방자치단체가 스스로 법규를 제정할 수 있는 권한을 의미한다. 자치입법권의 근거는 헌법 제117조 제1항에 "지방자치단체는……법령의 범위 안에서 자치에 관한 규정을 제정할 수 있다"고 규정하고 있다. 지방자치법에는 조례에 대해서 "지방자치단체는 법령의 범위 안에서 그 사무에 관하여 조례를 정할 수 있다. 다만, 주민의 권리 제한 또는 의무 부과에 관한 사항이나 벌칙을 정할 때에는 법률의 위임이 있어야 한다"(지방자치법 제22조)고 규정하고, 규칙에 대해서는 "지방자치단체장은 법령, 조례가 위임한 범위 안에서 그 사무에 관하여 규칙을 정할 수 있다"(지방자치법 제23조)고 규정하고 있다.

2 자치행정권

1) 자치조직권

자치조직권은 지방자치단체가 자기 사무를 처리하는데 필요한 조직을 자주적으로 정할 수 있는 권한을 의미하며 넓은 의미의 자치행정권에 포함된다. 우리나라 지방자치단체의 자치조직권에는 많은 제약이 가해지고 있다. 조례를 정하더라도 지방자치단체의 자주적인 판단에 의하는 것이 아니라 법령이 정한 바에 의하거나 감독기관의 승인을 얻거나 협의를 거치도록 한 경우가 많기 때문이다. 이러한 제약이 가해지는 이유는 지방자치단체도 국가행정조직의 일부로서 전국적인 통일을 유지해야 할 필요가 있다는 것이다. 그러나 근본적인 요인은 집권화의 요구가 강해 분권화 정도가 약하기 때문일 것이다.

2) 자치행정권

지방자치단체가 자기 사무를 원칙적으로 국가의 관여를 받지 않고 자주적으로 처리할 수 있는 권한을 의미한다. 자치행정권에 대해 헌법에는 "지방자치단체는 주민의 복리에 관한 사무를 처리하고"(헌법 제117조 ①)라고 규정했다. 지방자치법에는 "지방자치단체는 관할 구역의 자치사무와 법령에 의하여 지방자치단체에 속하는 사무를 처리한다"(지방자치법 제9조 ①)고 규정하고, "지방자치단체장은 당해 지방자치단체의 사무와 법령에 의하여 위임된 사무를 관리하고 집행한다"(지방자치법 제103조)고 규정하고 있다.

3) 자치재정권

지방자치단체가 자기 사무를 수행하는 데 필요한 경비를 자주적으로 조달하고 관리하는 권한을 의미한다. 자치재정권에 대해 헌법 제117조 ①은 "지방자치단체는 ……재산을 관리하며……"라고 규정했고, 지방자치법에는 "지방자치단체는 법률이 정하는 바에 의하여 지방세를 부과·징수할 수 있다"고 규정하고, 사용료·수수료·분담금에 대해서도 징수할 수 있는 근거를 규정하고 있다(지방자치법 제135~138조).

4) 자치계획권

지방자치단체가 그 사무를 수행하기 위해 구속력 있는 계획을 자주적으로 수립하고, 지방자치단체와 관련되는 상위계획에 참여하는 권한을 말한다(최창호, 2001: 262).

3 자치사법권

영국에서는 치안판사(Justice of the Peace)가 19세기

중엽에 이르기까지 지방행정에서 주동적인 역할을 했다. 따라서 지방자치가 처음에는 치안판사의 활동에서 시작되었다고 볼 수 있다(장지호, 1992: 59-64). 오늘날에도 지방자치단체가 자치법규 위반자에게 사법적 규제를 하는 자치법원(Municipal Court)이 설치된 경우가 있다(Adrain, 1991: 368-369). 그러나 오늘날 영미를 제외한 대부분의 국가에서 자치사법권이 자치권에 포함된 경우는 거의 없다.

제 4 장 지방자치와 주민

* 주민과 국민
  - 주민: 지방자치단체의 구역 안에 주소를 가진 자
  - 국민: 국적 보유자

* 지방자치와 간접민주제

* 지방자치와 직접민주제
  - 주민투표
  - 조례의 제정 및 개·폐 청구
  - 주민감사 청구
  - 주민소송
  - 청원
  - 주민소환

제1절 | 주민과 국민

주민은 지방자치의 3요소 중의 하나로 지방자치단체를 구성·운영하는 주체라고 할 수 있다. 지방자치법은 주민의 자격에 대해 "지방자치단체의 구역 안에 주소를 가진 자는 지방자치단체의 주민이 된다"(제12조)고 규정하고 있다. 따라서 시·군·자치구의 구역 안에 주소를 가진 자는 그 구역의 주민이 되는 동시에 시·군·자치구를 포괄하는 시·도의 주민이 된다. 대한민국 국적을 가지고 있지 않으면 대한민국 국민이 될 수 없다. 그러나 대한민국 국적을 가지고 있지 않은 외국인도 주민은 될 수 있다. 지방자치법에 "지방자치단체의 구역 안에 주소를 가진 자는 지방자치단체의 주민이 된다"(제12조)고 규정하고 있기 때문이다.

공직선거법(제15조 ②의 3)은 '출입국관리법' 제10조에 따른 영주의 체류 자격 취득일 후 3년이 경과한 외국인으로서 같은 법 제34조에 따라 해당 지방자치단체의 외국인등록대장에 올라 있는 사람은 지방자치단체의 의회의원 및 단체장에 대한 선거권이 있음을 규정하고 있다. 우리나라는 지방선거권 외에 조례의 제정과 개폐 청구권(지방자치법 제15조 ①의3)과 주민소환투표권(주민소환에 관한 법률 제3조 ①의2) 및 주민소환투표 청구권(주민소환에 관한 법률 제7조 ①)도 인정하고 있다. 그러나 일본 지방자치법 제11조에는 "**일본 국민인 보통공공단체의 주민**은 이 법률이 정하는 바에 따라 소속 단체의 선거에 참여하는 권리를 갖는다"고 규정하여 외국인이 지방선거에 참여할 수 있는 권리가 주어지지 않고 있다. 이에 따라 재일동포의 지방참정권을 인정하는 문제가 한일간의 주요 외교 현안의 하나가 되고 있다.

주민이 지방자치에 참여하는 방식에는 간접민주제와 직접민주제가 있다.

제 2 절 | 지방자치와 간접민주제

지방자치는 지역의 공적 사무를 주민의 의사와 책임 아래 처리하는 제도이므로 직접민주제적 방식이 이상적이다. 그러나 오늘날 유권자의 수가 많아지고, 공적 사무가 전문화됨에 따라 주민의 직접적 의사에 따라 처리한다는 것은 불가능하기 때문에 간접민주제가 보편적인 방식이 되었다. 간접민주제적 참여의 가장 대표적인 예가 지방의원과 지방자치단체장에 대한 선거이다. 주민은 선거할 때만 자기의 의사를 표시할 수 있을 뿐이고, 선거 후에는 대표자의 의사에 종속된다. 이러한 문제를 보완하기 위한 수단으로 도입된 것이 직접민주제이다.

제 3 절 | 지방자치와 직접민주제

1 주민투표

1) 의의

주민투표란 지방자치단체의 중요 사항에 대해 주민으로 하여금 결정토록 하는 제도로서 우리나라는 1994년 3월의 지방자치법 개정에서 주민투표제도를 도입했다(당시 지방자치법 제13조2). 이로써 주민이 직접민주제적 방법으로 지방자치에 참여할 수 있게 되었다.

2) 주민투표의 장 · 단점

(1) 장점

① 대의민주제의 한계를 보완할 수 있다.

② 주민의 참여 기회를 확대하여 지방자치에 대한 관심을 제고한다.

③ 지방의회와 자치단체장 간의 갈등을 해결해 주는 제도가 된다.

(2) 단점

① 주민의 감정적 판단에 의해 결정될 수 있다.

② 세입을 감소시키고 세출을 증대시키는 결정이 될 가능성이 높다.

③ 자치단체장이 지방의회를 무력화시키는 수단으로 이용할 수도 있다.

④ 지역이기주의나 집단이기주의에 정치적 정당성을 부여할 수 있다.

⑤ 지역의 문제가 정당의 당리당략에 이용될 수도 있다(강명구, 1994: 8-9).

3) 주민투표권(주민투표법 제5조)

19세 이상의 주민 중 제6조 제1항에 따른 투표인명부 작성 기준일 현재 다음 각 호의 어느 하나에 해당하는 사람에게는 주민투표권이 있다. 다만, 공직선거법 제18조에 따라 선거권이 없는 사람에게는 주민투표권이 없다. <개정 2009. 2. 12>

(1) 그 지방자치단체의 관할 구역에 주민등록이 되어 있는 사람 또는 '재외동포의 출입국과 법적 지위에 관한 법률' 제6조에 따라 국내 거소 신고가 되어 있는 재외국민

(2) 출입국 관리 관계 법령에 따라 대한민국에 계속 거주할 수 있는 자격(체류 자격 변경 허가 또는 체류 기간 연장 허가를 통하여 계속 거주할 수 있는 경우를 포함한다)을 갖춘 외국인으로서 지방자치단체의 조례로 정한 사람

4) 주민투표의 대상

주민투표법에 규정된 주민투표의 대상은 주민에게 과도한 부담을 주거나 중대한 영향을 미치는 지방자치단체의 주요 결정 사항으로서 그 지방자치단체의 조례로 정하는 사항은 주민투표에 부칠 수 있다(주민투표법 제7조 ①).

주민투표법 제7조 ②에서는 대상이 될 수 없는 사항을 다음과 같이 규정하고 있다.

(1) 법령에 위반되거나 재판 중인 사항

(2) 국가 또는 다른 지방자치단체의 권한 또는 사무에 속하는 사항

(3) 지방자치단체의 예산·회계·계약 및 재산관리에 관한 사항과 지방세·사용료·수수료·분담금 등 각종 공과금의 부과 또는 감면에 관한 사항

(4) 행정기구의 설치·변경에 관한 사항과 공무원의 인사·정원 등 신분과 보수에 관한 사항

(5) 다른 법률에 의하여 주민대표가 직접 의사결정 주체로서 참여할 수 있는 공공시설의 설치에 관한 사항. 다만, 제9조 제5항의 규정에 의하여 지방의회가 주민투표의 실시를 청구하는 경우에는 그러하지 아니하다.

(6) 동일한 사항(그 사항과 취지가 동일한 경우를 포함한다)에 대하여 주민투표가 실시된 후 2년이 경과되지 아니한 사항

5) 주민투표 성립의 요건

주민투표에 부쳐진 사항은 주민투표권자 총수의 3분의 1 이상의 투표와 유효 투표 수 과반수의 득표로 확정된다. 다만, 다음의 경우에는 찬성과 반대 양자를 모두 수용하지 아니하거나, 양자택일의 대상이 되는 사항 모두를 선택하지 아니하기로 확정된 것으로 본다(주민투표법 제24조 ①).

(1) 전체 투표 수가 주민투표권자 총수의 3분의 1에 미달되는 경우

(2) 주민투표에 부쳐진 사항에 관한 유효 득표 수가 동수인 경우

2 조례의 제정 및 개폐 청구

1) 의의

조례의 제정과 개폐 청구는 주민이 직접 의안을 발의하는 주민발안의 한 유형으로 조례의 제정, 개정 및 폐지를 청구할 수 있는 권리이다.

2) 조례의 제정과 개폐 청구권자

19세 이상의 주민으로서 다음 각 호의 어느 하나에 해당하는 사람(공직선거법 제18조에 따른 선거권이 없는 자는 제외한다. 이하 이 조 및 제16조에서 "19세 이상의

주민"이라 한다)은 시·도와 제175조에 따른 인구 50만 이상 대도시에서는 19세 이상 주민 총수의 100분의 1 이상 70분의 1 이하, 시·군 및 자치구에서는 19세 이상 주민 총수의 50분의 1 이상 20분의 1 이하의 범위에서 지방자치단체의 조례로 정하는 19세 이상의 주민 수 이상의 연서(連署)로 해당 지방자치단체의 장에게 조례를 제정하거나 개정하거나 폐지할 것을 청구할 수 있다.<개정 2009. 4. 1>

(1) 해당 지방자치단체의 관할 구역에 주민등록이 되어 있는 사람

(2) '재외동포의 출입국과 법적 지위에 관한 법률' 제6조 제1항에 따라 해당 지방자치단체의 국내거소신고인명부에 올라 있는 국민

(3) 출입국관리법 제10조에 따른 영주의 체류 자격 취득일 후 3년이 경과한 외국인으로서 같은 법 제34조에 따라 해당 지방자치단체의 외국인등록대장에 올라 있는 사람

3) 주민발안의 장·단점

(1) 장점

① 주민 의견이 반영될 가능성을 높여 준다.

② 지방의회에 대한 압력 수단이 된다.

(2) **단점**

① 주민들의 능력만으로는 실현되기 어렵다.

② 특정 집단의 이익 실현 수단으로 이용될 가능성이 있다.

4) 조례의 제정 및 개폐 청구의 제외 대상

(1) 법령을 위반하는 사항(지방자치법 제15조 ②)

(2) 지방세 · 사용료 · 수수료 · 부담금의 부과 · 징수 또는 감면에 관한 사항

(3) 행정기구의 설치 · 변경 또는 공공시설의 설치를 반대하는 사항

3 주민의 감사 청구

1) 의의

지방자치단체의 19세 이상의 주민은 시 · 도에서는 주무부 장관에게, 시 · 군 및 자치구에서는 시 · 도지사에게 그 지방자치단체와 그 장의 권한에 속하는 사무의 처리가 법령에 위반되거나 공익을 현저히 해친다고 인정되면 감사를 청구할 수 있다(지방자치법 제16조 ①).

2) 청구 요건

시 · 도는 500명, 제175조에 따른 인구 50만 이상 대도

시는 300명, 시·군 및 자치구는 200명을 넘지 아니하는 범위에서 그 지방자치단체의 조례로 정하는 19세 이상의 주민 수 이상의 연서(連署)로 감사를 청구할 수 있다.

3) 감사 청구의 제외 대상

(1) 수사 또는 재판에 관여하게 되는 사항

(2) 개인의 사생활을 침해할 우려가 있는 사항

(3) 다른 기관에서 감사하였거나 감사 중인 사항. 새로운 사항이 발견되거나 중요 사항이 감사에서 누락된 경우와 주민소송의 대상이 되는 경우에는 예외

(4) 동일한 사항에 대하여 제17조 제2항 각 호의 어느 하나에 해당하는 소송이 진행 중이거나 그 판결이 확정된 사항

4) 감사 청구의 장·단점

(1) 장점

① 비리를 예방할 수 있다.

② 내부 감사제도의 한계를 보완할 수 있다.

(2) 단점

① 당리당략적 목적을 위한 수단으로 이용될 우려가 있다.

② 소신 있는 사무 처리가 위축될 우려가 있다.

＊ 주민감사청구 사례

경기도 하남시의 하남민주연대 등 주민 700여 명은 2002년 11월 시 개발사업에 대한 주민감사 청구를 통해 하남시가 특정 업체에 수백억 원대의 특혜를 준 사실을 밝혀냈다(http://www.chosun.com/w21data/html/news/200301/200301070410.html, 2003.11.22).

4 주민소송

1) 의의

지방자치단체가 위법·부당한 재무회계 행위를 한 경우 감사 청구한 주민은 감사 결과 등에 불복이 있는 경우에는 감사 청구한 사항과 관련 있는 아래의 위법한 행위나 업무를 게을리한 사실에 대하여 해당 지방자치단체장을 상대방으로 주민소송을 제기할 수 있다(지방자치법 제17조).

2) 대상

(1) 공금의 지출에 관한 사항

(2) 재산의 취득·관리·처분에 관한 사항

(3) 해당 지방자치단체를 당사자로 하는 매매·임차·도급 그 밖의 계약의 체결·이행에 관한 사항

(4) 지방세·사용료·수수료·과태료 등 공금의 부

과·징수를 게을리한 사항

3) 소송의 유형

(1) 행위의 전부 또는 일부의 중지를 구하는 소송

(2) 당해 행위의 취소·변경, 효력 유무 또는 존재 여부의 확인을 구하는 소송

(3) 게을리한 사실의 위법 확인을 구하는 소송

(4) 해당 지방자치단체의 장 및 직원, 지방의회 의원, 해당 행위와 관련이 있는 상대방에게 손해배상 청구 또는 부당이득 반환청구를 할 것을 요구하는 소송. 다만, 그 지방자치단체의 직원이 '지방재정법' 제94조나 '회계관계 직원 등의 책임에 관한 법률' 제4조에 따른 변상 책임을 져야 하는 경우에는 변상명령을 할 것을 요구하는 소송을 말한다.

5 청 원

1) 의의

주민이 지방자치단체에 대해 원하는 바를 요청하는 것을 의미한다.

2) 청원서의 제출

지방의회에 청원을 하고자 하는 자는 지방의원의 소개

를 얻어 청원서를 제출하여야 한다. 청원서에는 청원자의 성명 및 주소를 기재하고 서명·날인하여야 한다(지방자치법 第73조).

3) 청원 대상

재판에 간섭하거나 법령에 위배되는 내용의 청원은 수리하지 않는다(지방자치법 第74조).

4) 청원의 심사 및 처리

청원이 접수되면 지방의회는 위원회 또는 본회의에 회부하여 심사한다(지방자치법 第75조). 지방의회가 채택한 청원으로 그 지방자치단체장이 처리함이 타당하다고 인정되는 청원 의견서를 첨부하여 지방자치단체장에게 이송하고, 자치단체장은 처리 결과를 지체없이 지방의회에 보고해야 한다(지방자치법 第76조).

6 주민소환

1) 의의

주민소환제도는 주민소환투표권자가 지방자치단체장과 지방의원의 위법·부당행위, 직무 유기 또는 직권 남용 등을 통제하기 위해 주민소환투표를 통해 해임시킬 수 있는 제도로서 '주민소환에 관한 법률'(2007. 5. 25시행)의 제정에 따라 도입되었다.

2) 주민소환 투표권자

주민소환에 관한 법률 제4조 제1항의 규정에 의한 주민소환투표인명부 작성 기준일 현재 다음의 어느 하나에 해당하는 자는 주민소환투표권이 있다(주민소환에 관한 법률 제3조 ①).

(1) 19세 이상의 주민으로서 당해 지방자치단체 관할 구역에 주민등록이 되어 있는 자(공직선거법 제18조의 규정에 의하여 선거권이 없는 자를 제외한다)

(2) 19세 이상의 외국인으로서 「출입국관리법」 제10조의 규정에 따른 영주의 체류 자격 취득일 후 3년이 경과한 자 중 같은 법 제34조의 규정에 따라 당해 지방자치단체 관할 구역의 외국인등록대장에 등재된 자

3) 주민소환투표의 대상

주민소환투표의 대상은 해당 자치단체장 및 지방의회 의원을 대상으로 하되 비례대표 의원은 제외한다(주민소환에 관한 법률 제7조 ①).

4) 주민소환투표의 청구

주민소환투표의 청구 서명인 수는 다음과 같이 선출직 공직자별로 차별화되어 있다.

(1) 특별시장 · 광역시장 · 도지사(이하 "시 · 도지사"라

한다): 당해 지방자치단체의 주민소환투표 청구권자 총수의 100분의 10 이상

(2) 시장 · 군수 · 자치구의 구청장: 당해 지방자치단체의 주민소환투표 청구권자 총수의 100분의 15 이상

(3) 지역선거구 시 · 도의회 의원(이하 "지역구 시 · 도의원"이라 한다) 및 지역선거구 자치구 · 시 · 군의회 의원(이하 "지역구자치구 · 시 · 군의원"이라 한다): 당해 지방의회 의원의 선거구 안의 주민소환투표 청구권자 총수의 100분의 20 이상

5) 탄핵제도와 비교

탄핵제도는 헌법이나 법률 위반의 경우에 사용되는 제도이나 주민소환은 위법 행위 외에 정치적 무능력, 공약 불이행, 독단이나 횡포 등 다양한 이유로부터 공직자의 책임성을 확보하는 제도이다(최창호, 2003: 482).

6) 소환제도의 장 · 단점

(1) 장점

① 공직자의 책임 의식이나 윤리 의식이 향상될 수 있다.

② 선거제도의 한계를 보완할 수 있다.

(2) 단점

① 남용되는 경우 지방자치가 마비될 우려가 있다.

② 당리당략적 목적을 위한 수단으로 이용될 우려가 있다.

* **주민소환투표 사례** I(**경기도 하남시**, 2007. 12. 12)

경기도 하남시에서는 주민소환에 관한 법률 시행 이후 전국에서 처음으로 김황식 하남시장과 시의원 3명 등 선출직 공무원 4명에 대한 주민소환투표가 실시되었다. 투표 결과 시장과 시의원 김병대에 대해서는 투표율이 31.0%와 23.8%로 개표 요건에 미달하여 신분을 유지했다. 그러나 시의원 유신목, 임문택은 투표율이 37.6%로 개표 요건이 충족되었고 개표 결과 반대가 많아 소환이 확정되었다. 주민소환이 발의된 것은 하남시장이 광역화장장을 유치하고자 하는 정책에 주민이 반대하면서 시작되었다.

* **주민소환투표 사례** II(**제주특별자치도**, 2009. 8. 26)

2009년 8월 26일 광역자치단체장으로는 전국에서 처음 실시된 김태환 제주지사에 대한 주민소환투표의 투표율이 11.0%를 기록한 것으로 잠정 집계돼 소환투표 결과 개표 요건인 투표율 33.4%에 미달하여 소환이 부결되었다. 주민소환이 발의된 것은 김 지사가 제주 강정항에 민·군 복합 항구를 설치하려는 중앙정부의 계획안을 받아들였다는 이유다.

제 5 장 지방자치단체의 기관구성 형태

- 지방자치단체
  - 보통지방자치단체
  - 특별지방자치단체
- 지방자치단체
  - 의결기관
  - 집행기관
- 기관 구성 형태
  - 기관통합형
  - 기관분립형
    - 집행기관 직선형
    - 중앙정부의 집행기관 임명형
    - 지방의회의 집행기관 임명형
  - 절충형
  - 주민총회형
- 우리나라 기관구성 형태의 특징
  - 기관분립형
  - 획일주의
  - 집행기관 우위
    - 총괄권
    - 지방의회 의결에 대한 재의 요구권
    - 예산상 집행 불가능 의결의 재의 요구권
    - 선결처분권
    - 인사권
    - 주민투표 실시권

제 1 절 | 지방자치단체의 의의

일정한 구역을 기초로 그 구역 내의 모든 주민을 구성원으로 하여 중앙정부로부터 어느 정도 독립된 일정한 자치권을 갖는 단체를 의미한다. 지방자치단체는 의결기관과 집행기관을 포괄하는 개념이다.

제 2 절 | 지방자치단체의 종류

지방자치단체의 종류는 수행하고자 하는 목적이 특정한지의 여부에 따라 크게 보통지방자치단체와 특별지방자치단체로 나눌 수 있다.

1 보통지방자치단체

보통지방자치단체는 지방의 일반적인 공공사무를 처리하기 위한 목적으로 존재한다. 우리나라 지방자치법 제2조(지방자치단체의 종류) 1항에 의하면 지방자치단체는 대별하여 특별시, 광역시, 도 및 특별자치도와 시, 군, 구의 2종으로 하고 있다. 여기서 특별시, 광역시 및 도는 광역자치단체이고 시, 군, 구는 기초자치단체이다. 광역자치단체는 중앙정부와 기초자치단체의 중간에 있다고 해서 중간자치단체라고도 한다. 지방자치단체인 구는 특별시와 광역시의 관할 구역 안의 구에 한하며, 이를 특별시나 광역시가 아닌 인구 50만 이상의 시에 둘 수 있는 구와 구별하기 위해 자치구라고도 한다.

2 특별지방자치단체

특별지방자치단체는 특정한 목적을 수행하기 위해 설치되는 것으로 미국과 프랑스의 특별구(special district)는 대표적인 특별지방자치단체이다.

일본은 특별지방공공단체로서 특별구, 지방공공단체의 조합, 재산구, 지역개발사업단 등을 두고 있다(일본 지방자치법 제1조 3항).

제 3 절 | 지방자치단체의 기관구성 형태

지방자치단체는 지역적 문제에 대해 자주적으로 의사결정을 하고 결정된 내용에 대해 집행을 한다. 지방자치단체의 기관구성 형태는 의사결정기관과 집행기관이 하나의 기관으로 통합되었느냐 아니면 개별적으로 분리되었느냐에 따라 기관통합형과 기관분립형으로 나눈다. 그리고 이 두 형태가 절충된 것이 절충형이다. 기관통합형은 국가의 통치구조인 내각책임제와 유사하고 기관분립형은 대통령중심제와 유사한 형태이다. 지방자치단체의 기관구성 형태는 각국의 역사적 전통에 따라 매우 다양하다. 따라서 여기서는 대표적인 몇 가지 유형에 대해서만 살펴보고자 한다.

1 기관통합형

1) 의의

의결 기능과 집행 기능을 분리하지 않고 의회에 귀속시키는 형태의 지방자치단체를 의미한다. 따라서 지방의회의 의장이 지방자치단체장으로서의 역할을 수행하나 실질적인 집행권을 행사하는 집행부의 수장이라기보다는 자치단체를 의례적으로 대표하는 상징적인 존재인 경우이다.

2) 장점

① 지방행정에 대한 권한과 책임이 주민대표기관인 의회에 집중되어 민주정치와 책임정치의 구현에 적합하다.

② 의결기관과 집행기관 간의 대립이나 반목의 여지가 없으므로 지방행정의 안정성과 능률성 확보가 용이하다.

③ 집행기관이 주민 직선에 의한 다수의 의원으로 구성되므로 주민의 의사가 좀 더 충실히 반영될 수 있다.

④ 정책결정과 집행 간의 관계가 긴밀하여 정책 효과의 극대화가 가능하다.

3) 단점

① 지방행정을 총괄적으로 조정할 단일의 지도자가 없으므로 행정의 종합성과 통일성 유지가 곤란하다.

② 의결기관과 집행기관이 분리되지 않아 견제와 균형의 원리가 적용될 수 없으며 권력이 남용될 우려가 있다.

③ 의회가 집행 기능도 수행하므로 지방행정에 정치적 요소가 개입될 여지가 있으며, 지방행정의 전문성이 결여될 가능성이 있다.

2 기관분립형(기관대립형, 기관분리형)

1) 의의

국가의 정부 형태 중 대통령중심제와 유사한 것으로 권력분립주의 원칙에 입각하여 지방자치단체의 의결 기능과 집행 기능을 각각 다른 기관에 분담시켜 기관 간에 견제와 균형이 이루어지도록 한 형태를 말한다. 기관분립형은 집행기관의 선임 방법에 따라서 선거형과 임명형으로 나눌 수 있다.

2) 장점

① 선거형은 주민 직선에 의해 지방의원과 집행기관을 선출하므로 행정에 대한 효과적 통제가 이루어진다.

② 단체장의 임기가 보장되므로 주민의 지지를 바탕으로 지방행정을 안정적으로 강력하게 수행할 수 있다. 일본의 경우 불신임제도가 있으나 1995년 이후의 불신임 의결은 5건에 불과하다(老川祥一, 2002: 51).

③ 의결기관과 집행기관을 분리·독립시킴으로써 견제와 균형의 원리에 의해 일방의 독주나 횡포를 방지할 수 있다.

3) 단점

① 의회와 단체장 간의 갈등이나 대립이 심화되면 지방행정이 지연되거나 마비될 우려가 있다. 특히 단체장의 소속 정당이 의회의 다수 의석을 확보하지 못한 경우는 이런 현상이 더욱 심화될 수 있다.

② 단체장을 주민이 직접 선거하는 경우는 행정에 대한 전문적 지식을 가지고 있는 사람보다는 정치적 성향이 강한 인물이 당선될 가능성이 높다.

③ 단체장이 차기 선거를 의식하여 선심성 사업이나 인기 위주의 사업에 치중하여 예산 낭비의 우려가 있다.

④ 단체장이 당선에 대한 보상으로 정실 인사를 단행할 우려가 있다.

3 절충형(의회-집행위원회형)

1) 의의

이 유형은 의결기관과 집행기관을 분립시킨다는 점에서 기관분립형의 요소를 갖추고 있으나, 서로 대립시키지 않고 기관통합형의 요소도 갖추고 있어서 절충형이라고 한다. 절충형은 의회-집행위원회형(council executive committee form)이라고도 불리며 네덜란드, 벨기에, 스웨덴, 덴마크 등에서 채택하고 있다(김학노, 1994: 141-142).

2) 특징

① 의결기관과 집행기관을 분리시키면서도 집행기관을 합의제로 운영한다는 점에서 기관분립형과 구별된다.

② 집행위원회가 의회를 모체로 하면서도 독립된 집행기능을 수행한다는 점에서 기관통합형과 구별된다.

3) 장점

① 의결기관과 집행기관 간의 원만한 협조를 확보할 수 있다.

② 집행기관이 합의제로 운영되므로 주민 의견이 좀 더 충실히 반영될 수 있다.

③ 집행기관이 합의제로 운영되므로 행정이 좀 더 신중하게 이루어질 수 있다.

4) 단점

① 합의제이므로 행정 책임의 소재가 불명확할 수 있다.

② 합의제이므로 행정의 신속성이 저해될 수 있다.

③ 주민 직선이나 의회 간선에 의해 위원이 선출되므로 행정에 대한 전문성이 부족할 수 있다.

4 주민총회형

1) 의의

직접민주제의 원리를 현실적으로 적용한 유형이다. 자치단체의 유권자 전원으로 구성되는 주민총회(popular assemblée, folk moot)가 자치단체의 최고의사 결정기관으로 자치단체의 기본 정책 예산, 인사 문제 등을 직접 결정하며 집행하는 것이다.

일본의 정촌총회(町村總會), 미국의 town meeting, 스위스의 Gemeindeversammlung(assemblée communale) 등이 그 예가 된다. 특히 스위스는 전형적인 직접민주제 국가로서 농촌 지역 기초자치단체의 90%에 주민총회가 구성되어 있다(최창호, 2001: 457-458).

2) 장점

주민 의견이 지방행정에 직접 반영될 수 있어서 주민 본위의 행정이 이루어질 수 있다.

3) 단점

소규모 자치단체가 아니면 실질적으로 도입될 수 없는 유형이다.

5 우리나라의 기관구성 형태

1) 의의

우리나라의 지방자치단체는 1949년 지방자치법이 처음 제정된 이래로 기관분립형을 채택하고 있다. 물론 1961년 5·16 군사쿠데타에 의해 지방자치가 정지된 이후 다시 부활될 때까지 지방자치법과는 달리 지방자치단체장이 중앙정부에 의해 임명되었었다.

2) 특징

(1) 기관분립형

우리나라 지방자치단체의 기관구성 형태는 국가의 통치구조인 대통령제와 유사한 기관분립형을 채택하고 있다. 기관분립형 중에도 집행기관을 주민이 직접 선출하므로 집행기관 직선의 기관분립형이라 할 수 있다.

(2) 획일주의

지방자치단체의 기관구성 형태는 국회에서 제정한 지방자치법에 정해져 있으므로 지방의 인구 규모, 경제력, 구역의 크기에 따른 차이를 반영한 독자적인 지방자치단체를 구성할 여지가 없다.

(3) 집행기관 우위

의결기관보다는 집행기관의 권한이 우월하므로 집행기관 우위의 기관분립형이라고 할 수 있다. 집행기관의 권한이 의결기관에 비해 우위에 있게 된 요인은 다음과 같다.

① 총괄권

지방자치단체장은 당해 지방자치단체를 대표하고 사무를 총괄한다(지방자치법 제101조).

② 지방의회의 의결에 대한 재의요구권

지방자치단체장은 지방의회의 의결이 월권 또는 법령에 위반되거나 공익을 현저히 해한다고 인정되는 때에는 그 의결 사항을 이송받은 날로부터 20일이 내에 이유를 붙여 재의를 요구할 수 있다(지방자치법 제107조 ①). 재의 요구에 대해서는 통상적인 의결 정족수보다 많은 재적 과반수의 출석과 출석 의원 3분의 2 이상의 찬성에 의해 의결된 경우만 확정될 수 있다(지방자치법 제107조 ②).

③ 예산상 집행 불가능한 의결의 재의 요구권

지방자치단체장은 지방의회의 의결이 예산상 집행할 수 없는 경비가 포함되어 있다고 인정되는 때에는 그 의결 사항을 이송받은 날부터 20일 이내에 이유를 붙여 재의를 요구할 수 있다(지방자치법 제108조 ①). 또한 지방의회가 법령에 의하여 지방자치단체가 의무적으로 부담하여야 할 경비나 비상재해로 인한 시설의 응급복구를 위해 필요한 경비를 삭감하는 의결을 한 때도 재의를 요구할 수 있다(지방자치법 제108조 ②).

④ 선결처분권

지방자치단체장은 지방의회가 성립되지 아니한 때(의원의 구속 등의 사유로 의결 정족수에 미달하게 된 때)와 지방의회의 의결 사항 중 주민의 생명과 재산 보호를 위하여 긴급하게 필요한 사항으로서 지방의회를 소집할 시간적 여유가 없거나 지방의회에서 의결이 지체되어 의결되지 않은 때에는 선결처분할 수 있다(지방자치법 제109조①).

⑤ 인사권

가. 광역자치단체의 부단체장 임명

특별시, 광역시, 도의 부단체장은 국가공무원과 지방공무원의 두 유형이 있다.

가) 국가공무원(정무직 또는 일반직)

국가공무원으로 보하는 부단체장은 행정부시장(특별

시, 광역시) 또는 행정부지사(도)라고 하며 특별시는 정무직 국가공무원으로, 광역시·도와 특별자치도의 경우에는 국가공무원법 제2조의2에 따라 고위공무원단에 속하는 일반직 공무원으로 보하되, 그 직무 등급(국가공무원법 제23조에 따라 행정안전부 장관이 배정하는 직무 등급을 말한다)은 행정안전부령으로 정한다(지방자치법 시행령 제73조 ②).<개정 2008. 2. 29, 2008. 12. 31> 이들에 대해서는 시·도 지사의 제청으로 행정안전부 장관을 거쳐 대통령이 임명한다(지방자치법 제110조 ③).

이 경우 부단체장의 임명은 실질적으로 행정안전부와 협의하여 이루어지지만 지방의회의 개입 여지는 거의 없다.

나) 지방공무원(정무직 또는 일반직)

지방공무원으로 보하는 부단체장은 정무부시장(특별시, 광역시) 또는 정무부지사(도)라고 하며, 특별시는 정무직 지방공무원으로, 광역시와 도와 특별자치도의 경우에는 별정직 1급 상당 지방공무원 또는 지방관리관으로 보한다(지방자치법 시행령 제73조 ③)<개정 2009. 8. 13>.

이 경우 자격 기준은 당해 지방자치단체의 조례로 정하도록 하고 있다(지방자치법 제110조 ②). 따라서 지방의회는 자격 기준에 대해 조례 제정을 통해 관여할 수 있다.

나. 기초자치단체의 부단체장 임명

시의 부시장, 군의 부군수, 자치구의 부구청장은 일반

직 지방공무원으로 보하되 직급은 대통령령(대통령령 제73조 ⑦, 인구 15만 미만: 지방서기관, 인구 15만 이상 50만 미만: 지방부이사관, 인구 50만 이상: 지방이사관)으로 정하며 당해 시장・군수・구청장이 임명한다(지방자치법 제101조 ④). 기초자치단체의 경우는 부단체장 임명에 있어서 지방의회의 동의를 받도록 하고 있지도 않을 뿐더러 자격 기준에 대해 조례로 정한다는 규정도 없다. 따라서 기초자치단체의 경우는 지방의회가 부단체장 임명에 개입할 여지는 광역자치단체의 경우에 비해 더욱 적다.

다. 지방의회의 사무직원 임명

지방의회 사무처장, 사무국장, 사무과장은 의장의 명을 받아 의회의 사무를 처리한다(지방자치법 제92조 ①)고 규정되어 있다. 그리고 지방의회의 사무직원은 지방의회 의장의 추천에 의하여 당해 지방자치단체장이 임명(지방자치법 제91조 ②)하도록 되어 있다. 그런데 의회 사무직원은 의회를 위해서 일하는 직원이다. 그렇다면 이들에 대한 인사권은 당연히 의장이 행사해야 마땅하다. 그런데 현행법은 의장은 추천할 뿐이고 임명권은 당해 자치단체장이 행사하여 지방의회의 지위를 약화시키고 있다.

라. 주민투표 실시권

지방자치단체의 장이 직권에 의하여 주민투표를 실시하고자 하는 때에는 그 지방의회 재적 의원 과반수의 출석과 출석 의원 과반수의 동의를 얻어야 한다(주민투표법 제9조 ⑥). 그러나 지방의회가 주민투표의 실시를 청구할 때는 재적 의원 과반수의 출석과 출석 의원 3분의 2 이상의 찬성으로 그 지방자치단체의 장에게 주민투표의 실시를 청구할 수 있다(주민투표법 제9조 ⑤).

제 6 장 지방자치단체의 기관

* 지방의회의 권한
  - 의결권
  - 조례제정권
  - 청원수리권
  - 집행기관에 대한 감시권 - 행정사무 감사 및 조사권 출석, 보고 및 질문 응답 요구권
  - 의견표명권
  - 주민투표청구권
  - 자율권 - 내부조직권, 의회규칙 제정권, 의원 신분의 사직 · 자격 심사 및 징계권, 의장 · 부의장 불신임 결의권, 회의의 질서 유지권

* 지방자치단체장의 권한
  - 총괄대표권
  - 사무의 관리 및 집행권
  - 지휘 및 감독권
  - 소속 직원에 대한 권한 - 지휘 · 감독, 임면, 교육훈련, 복무 · 징계

├ 지방의회에 대한 권한 - 조례안 및 예산안 제출권, 의회 임시회의 소집 및 소집 요구권, 조례안의 공포권, 재의 요구 및 제소권, 선결처분권
├ 규칙제정권
├ 주민투표 실시권
└ 사무의 위임 · 위탁권

* 지방의회와 집행기관 간의 관계 ┬ 재의요구권
├ 재의결 사항에 대한 제소권
└ 선결처분권

지방자치단체는 의결기관과 집행기관으로 구성되어 있다. 여기서는 의결기관과 집행기관에 대해 먼저 살펴본 후 양자 간의 관계에 대해 알아보고자 한다.

제 1 절 | 의결기관

1 지방의회의 의의

민주국가에서 주권자가 정치에 참여하는 방법은 두 가

지가 있다. 즉 주권자가 직접 참여하는 직접민주제와 대표자를 통해 간접적으로 참여하는 간접민주제이다.

민주주의의 이상적인 실현 방식은 직접민주제이다. 그러나 인구가 증가함에 따라 주권자가 정치에 직접 참여한다는 것이 현실적으로 불가능하게 되어 불가피하게 대표자를 선출하게 되었다. 이같이 주권자가 선거를 통해 선출한 대표가 모여서 중요한 의사를 결정하고 집행을 감시하는 기관이 의회이다. 의회는 국가 단위에 설치된 국회와 지방에 설치된 지방의회가 있다. 지방의회에 대해 우리나라 헌법은 "지방자치단체에 의회를 두되, 그 조직·권한·운영에 관한 사항은 법률로 정한다"(헌법 제118조)고 규정하고 있다.

2 지방의회의 권한

1) 의결권

지방의회의 의결 사항은 다음의 네 가지 유형으로 나누어 볼 수 있다.

(1) 지방자치법 제39조 제1항

① 조례의 제정 및 개폐
② 예산의 심의·확정
③ 결산의 승인

④ 법령에 규정된 것을 제외한 사용료·수수료·분담금·지방세 또는 가입금의 부과와 징수

⑤ 기금의 설치·운영

⑥ 대통령령으로 정하는 중요 재산의 취득·처분

⑦ 대통령령으로 정하는 공공시설의 설치·처분

⑧ 법령과 조례에 규정된 것을 제외한 예산외 의무 부담이나 권리의 포기

⑨ 청원의 수리와 처리

⑩ 그 밖에 법령에 의하여 그 권한에 속하는 사항

(2) **지방자치법 제39조 제2항**

지방자치단체는 지방자치법 제39조 제1항에 제시된 사항 외에 조례가 정하는 바에 의하여 지방의회에서 의결되어야 할 사항을 따로 정할 수 있다.

(3) **지방자치법 제39조 외의 의결 사항**

지방자치법 제39조에 제시된 것 외에 보증채무부담행위(지방자치법 제124조 ③)나 계속비의 지출(지방자치법 제128조)과 같이 지방자치법에서 지방의회의 의결을 받도록 규정한 경우가 있다.

(4) **다른 법령에 규정된 사항**

천재 등으로 인한 지방세의 감면(지방세법 제9조의2)과 같이 다른 법령에 지방의회의 의결을 받도록 규정된 경우가 있다.

2) 조례제정권

지방자치단체는 주민의 복리에 관한 사무를 처리하고 재산을 관리하며, 법령의 범위 안에서 자치에 관한 규정을 제정할 수 있다(헌법 제117조 ①). 지방자치단체는 헌법에 의해 보장되는 자치권의 하나로 자치입법권을 가지며 이 중 지방의회가 행사하는 자치입법권이 조례제정권이다. 조례는 헌법에 의해 당해 지방자치단체 고유의 자치사무와 법령에 의해 당해 자치단체에 속하는 사무(단체위임사무)에 관해 법령의 범위 안에서 제정되는 자치법규이다.

3) 청원수리권

모든 국민은 법률이 정하는 바에 의하여 국가기관에 문서로써 청원할 권리를 가지며, 국가는 청원에 대하여 심사할 의무를 진다(헌법 제26조). 이같이 청원할 권리는 헌법에 규정되어 있을 뿐 아니라, 지방자치법도 청원에 대해 규정되어 있다. 지방의회는 주민의 청원을 수리하고 심사할 의무와 함께 권리를 갖는다. 주민이 청원을 하고자 하는 경우에는 소정의 요건과 절차를 갖추어야 한다 (지방자치법 제73조~76조).

4) 집행기관에 대한 감시권

지방의회의 중요한 기능 중의 하나가 집행기관에 대한 감시이다. 집행기관에 대한 감시를 위해 지방의회에 주어진 권리는 다음과 같다.

(1) **행정사무 감사 및 조사권**

지방의회는 매년 1회 당해 지방자치단체의 사무에 대하여 시·도에 있어서는 10일, 시·군 및 자치구에 있어서는 7일의 각 범위 내에서 감사를 실시하고, 지방자치단체의 사무 중 특정 사안에 관하여 본회의 의결로 본회의 또는 위원회로 하여금 조사하게 할 수 있다(지방자치법 제41조 ①).

(2) **출석, 보고 및 질문 응답 요구권**

지방자치단체의 장 또는 관계 공무원은 지방의회나 그 위원회에 출석하여 행정사무의 처리 상황을 보고하거나 의견을 진술하고 질문에 응답할 수 있다. 지방자치단체의 장 또는 관계 공무원은 지방의회나 그 위원회의 요구가 있는 때에는 출석·답변하여야 한다. 다만, 특별한 사유가 있는 경우에 지방자치단체의 장은 관계 공무원으로 하여금 출석·답변하게 할 수 있다(지방자치법 제42조 ①,②).

5) 의견표명권

지방의회는 주민의 대표기관으로서 지방의 중요한 문제에 대하여 의견을 표명할 수 있다. 지방자치단체를 폐지하거나 설치하거나 나누거나 합칠 때 또는 그 명칭이나 구역을 변경할 때에는 관계 지방의회의 의견을 듣도록 하고 있다(지방자치법 제4조 ②).

6) 자율권

(1) 내부조직권

지방의회는 내부조직권에 의하여 의원 중에서 시·도의 경우 의장 1인과 부의장 2인을, 시·군 및 자치구의 경우 의장과 부의장 각 1인을 무기명 투표로 선거하여야 한다(지방자치법 제48조 ①). 또한 의장 또는 부의장이 모두 사고가 있을 때에는 임시의장을 선출(지방자치법 제52조)하고 궐위된 때에는 보궐선거를 실시하여 그 후임을 선출(지방자치법 제53조 ①)한다. 지방의회는 조례가 정하는 바에 의하여 위원회를 둘 수 있고, 위원회는 소관 의안과 청원 등을 심사·처리하는 상임위원회와 특정한 안건을 일시적으로 심사·처리하기 위한 특별위원회의 2종으로 한다(지방자치법 제56조).

(2) 의회규칙 제정권

지방의회는 회의 기타 내부 운영에 관하여 이 법에 정한 것을 제외하고 필요한 사항을 규칙으로 정할 수 있다(지방자치법 제43조).

(3) 의원 신분의 사직·자격심사 및 징계권

지방의회는 그 의결로 소속 의원의 사직을 허가할 수 있으며, 폐회 중에는 의장이 이를 허가할 수 있다(지방자치법 제77조).

지방의회의 의원이 다른 의원의 자격에 대하여 이의가 있을 때에는 재적 의원 4분의 1 이상의 연서(連署)로 의장에게 자격심사를 청구할 수 있다(지방자치법 제79조 ①). 이 때 지방 의원의 자격 상실은 재적 의원 3분의 2 이상의 찬성이 있어야 한다(지방자치법 제80조 ①).

지방의회는 지방의원이 지방자치법 또는 회의규칙에 위배되는 행위를 한 때에는 의결로써 징계할 수 있다(지방자치법 제86조).

(4) 의장·부의장 불신임 결의권

지방의회는 의장 또는 부의장이 법령을 위반하거나, 정당한 이유 없이 그 직무를 수행하지 않은 때에는 불신임 의결을 할 수 있고, 불신임 의결이 된 의장 또는 부의장은 그 직에서 해임된다(지방자치법 제55조 ①).

(5) 회의의 질서 유지권

지방의원이 지방자치법 또는 회의규칙에 위배하여 회의장의 질서를 문란하게 한 경우 의장 또는 위원장은 경고 또는 제지하거나 그 발언의 취소를 명할 수 있다(지방자치법 제82조). 의장은 회의장 안의 질서를 방해하는 방청인의 퇴장을 명할 수 있으며, 필요한 때에는 경찰관서에 인도할 수 있으며 방청석이 소란할 때에는 모든 방청인을 퇴장시킬 수 있다(지방자치법 제85조).

제 2 절 | 집행기관

지방자치단체는 의결기관과 집행기관으로 구성되어 있다. 의결기관은 글자 그대로 지방자치단체의 제반 의사를 결정하는 기관이고, 집행기관은 의결기관이 결정한 내용을 지방자치단체의 존립 목적을 실현하기 위해 구체화하는 기관이다. 지방자치법에는 집행기관으로 지방자치단체장, 보조기관, 소속 행정기관, 하부 행정기관, 교육·과학 및 체육에 관한 기관 등을 규정하고 있다.

1 지방자치단체장

1) 지위

지방자치단체장은 외부에 대해 그 지방자치단체를 대표하고, 그 지방자치단체의 사무를 집행하는 최고 책임자로서의 지위에 있다. 또한 지방자치단체장은 법령에 다른 규정이 없는 한 지방자치단체에서 시행하는 국가사무를 처리하는 국가의 지방행정기관으로서 지위에 있다.

지방자치단체에는 광역자치단체인 서울특별시에 특별시장, 광역시에 광역시장, 도와 특별자치도에는 도지사를 두고, 기초자치단체인 시에 시장, 군에 군수, 자치구에는 구청장을 둔다(지방자치법 제93조). 지방자치단체장은 주민의 보통·평등·직접·비밀선거에 의하여 선출(지방자치법 제94조)되며, 임기는 4년으로 계속 재임은 3기에 한한다(지방자치법 제95조).

2) 권한

(1) 총괄 대표권

지방자치단체장은 당해 지방자치단체를 대표하고, 그 사무를 총괄한다(지방자치법 제101조). 대표한다는 것은 자치단체장의 행위가 지방자치단체의 행위로 효력을 발생한다는 것을 의미한다. 사무를 총괄한다는 의미는 지방자치단체의 사무를 총체적으로 관할한다는 것을 말한다.

(2) 사무의 관리 및 집행권

지방자치단체장은 당해 지방자치단체의 사무와 법령에 의하여 그 지방자치단체장에게 위임된 행정사무를 관리하고 집행한다(지방자치법 제103조). 그 외에 지방자치단체장은 법령에 다른 규정이 없는 당해 지방자치단체에서 시행되는 모든 국가사무를 위임받아 관리하고 집행한다(지방자치법 제102조).

(3) 지휘 및 감독권

지방자치단체장은 소속 행정기관을 지휘·감독하고, 관할 지방자치단체를 지도·감독한다. 관할 지방자치단체에 대한 지도와 감독을 위해 광역자치단체장은 기초자치단체의 사무에 대하여 조언·권고·지도할 수 있고, 이를 위해 필요한 때에는 자료의 제출을 요구할 수 있다(지방자치법 제166조 ①). 또한 광역자치단체장은 기초자치단체장의 명령 또는 처분이 법령에 위반되거나 현저히 부당하다고 인정할 때(자치사무는 위법한 경우에 한정)에는 시정을 명하고 이를 시정하지 않을 때에는 취소 및 정지할 수 있다(지방자치법 제169조 ①). 광역자치단체장은 기초자치단체의 자치사무에 관하여 보고를 받거나, 서류·장부 또는 회계를 감사(법령 위반 사항에 한정)할 수 있고(지방자치법 제171조), 기초자치단체장이 위임받아 처리하는 광역자치단체 사무에 대한 지도·감독권을 갖는다(지방자치법 제167조 ②).

(4) 소속 직원에 대한 권한

지방자치단체장은 소속 직원을 지휘·감독하고 법령과 조례·규칙이 정하는 바에 의하여 그 임면·교육훈련·복무·징계 등에 관한 사항을 처리한다(지방자치법 제96조).

지방의회의 사무직원은 지방의회의 의장의 추천에 의하여 당해 지방자치단체장이 임명한다(지방자치법 제91조 ②).

(5) 지방의회에 대한 권한

지방자치단체장은 지방의회에 조례안과 예산안을 제출

하고, 기타 지방의회의 의결 사항에 대한 제안권을 갖는다(지방자치법 제66조 ①, 127조). 또한 지방자치단체장은 의회 임시회의 소집 또는 소집요구권(지방자치법 제45조)과 의회가 의결한 조례안의 공포권(지방자치법 제26조 ②), 지방의회가 의결한 의안에 대한 재의 요구 및 제소권(지방자치법 제26조 ③, 107조 ①,③ 108조 ①, 172조 ①)과 특정한 경우 특정 사안에 대한 선결처분권을 갖는다(지방자치법 제109조).

(6) 규칙제정권

지방자치단체장은 법령 또는 조례가 위임한 범위 안에서 그 권한에 속하는 사무에 관하여 규칙을 제정할 수 있다(지방자치법 제23조). 규칙제정권의 범위는 자치사무나 단체위임사무 외에 단체장에게 위임된 기관위임사무도 그 범위에 포함된다.

(7) 주민투표 회부권

지방자치단체장은 중앙행정기관장의 요구, 주민 또는 지방의회의 청구나 직권에 의해 주민투표를 실시할 수 있다(주민투표법 제8, 9조).

(8) 사무의 위임·위탁권

지방자치단체장은 조례 또는 규칙이 정하는 바에 의하여 그 권한에 속하는 사무의 일부를 보조기관, 소속 행정기관 또는 하부 행정기관에 위임할 수 있고, 관할 지방자치단체나 공공단체 또는 그 기관(사무소·출장소를 포함한다)에 위임 또는 위탁할 수 있다. 지방자치단체장은 조례 또는 규칙이 정하는 바에 의하여 그 권한에 속하는 사무 중 조사·검사·검정·관리 업무 등 주민의 권리·의무와 직접 관련되지 아니하는 사무를 법인·단체 또는 그 기관이나 개인에게 위탁할 수 있다(지방자치법 제104조).

2 보조기관

보조기관은 지방자치단체장의 의사결정 및 표시를 보조하는 기능을 담당하며, 광역자치단체인 시·도에는 정무 및 행정부시장과 부지사를 두고 있고, 기초자치단체인 시·군·자치구에는 부시장, 부군수, 부구청장을 둔다(지방자치법 제110조).

부단체장은 당해 지방자치단체장을 보좌하여 사무를 총괄하고, 소속 공무원을 지휘·감독한다(지방자치법 제110조 ⑤). 지방자치단체장이 궐위 또는 공소 제기된 후 구금 상태에 있거나 의료법에 의한 의료기관에 60일 이상 계속하여 입원한 경우에는 부단체장이 그 권한을 대행한다(지방자치법 제111조 ①).

3 소속 행정기관

1) 직속기관

지방자치단체는 그 소관 사무의 범위 안에서 필요한 때에는 대통령령 또는 대통령령이 정하는 바에 의하여 당해 지방자치단체의 조례로 자치경찰기관(제주특별자치도), 소방기관 · 교육훈련기관 · 보건진료기관 · 시험연구기관 및 중소기업 지도기관 등을 직속기관으로 설치할 수 있다(지방자치법 제113조).

2) 사업소

지방자치단체는 특정 업무를 효율적으로 수행하기 위하여 필요한 때에는 대통령령이 정하는 바에 의하여 당해 지방자치단체의 조례로 사업소를 설치할 수 있다. 다만, 지방자치단체의 자치사무만을 수행하는 경우에는 제103조 제1항의 정원 범위 안에서 당해 지방자치단체의 조례로써 사업소를 설치할 수 있다(지방자치법 제114조).

3) 출장소

지방자치단체는 원격지 주민의 편의와 특정 지역의 개발 촉진을 위하여 필요한 때에는 대통령령이 정하는 바에 의하여 당해 지방자치단체의 조례로 출장소를 설치할 수 있다(지방자치법 제115조).

4) 합의제 행정기관

지방자치단체는 그 소관 사무의 일부를 독립하여 수행할 필요가 있는 때에는 법령 또는 당해 지방자치단체의 조례가 정하는 바에 의하여 합의제 행정기관을 설치할 수 있다(지방자치법 제116조 ①).

지방자치단체에 두는 합의제 행정기관의 대표적인 예는 지방공무원법에 의한 인사위원회와 지방공무원 소청심사위원회이다.

4 하부 행정기관

하부 행정기관은 지방자치단체장의 지휘와 감독 아래 지방자차단체의 사무를 지역적으로 분담·처리하는 기관을 말하며, 자치구가 아닌 구와 읍·면·동이 이에 해당한다.

자치구가 아닌 구의 구청장은 시장의, 읍장·면장은 시장 또는 군수의, 동장은 시장(구가 없는 시의 시장을 말한다) 또는 구청장(자치구의 구청장을 포함한다)의 지휘·감독을 받아 소관 국가사무 및 지방자치단체의 사무를 맡아 처리하고 소속 직원을 지휘·감독한다(지방자치법 제117조).

5 교육 · 과학 및 체육에 관한 기관

지방자치단체의 교육 · 과학 및 체육에 관한 사무를 분장하게 하기 위하여 별도의 기관을 둔다(지방자치법 제121조). 이에 의하여 시 · 도의회에 교육 · 학예에 관한 의안과 청원 등을 심사 · 의결하기 위하여 상임위원회(교육위원회)를 둔다(지방교육자치에 관한 법률 제4조). 시 · 도의 교육 · 학예에 관한 사무를 분장하기 위하여 1개 또는 2개 이상의 시 · 군 및 자치구를 관할 구역으로 하는 하급 교육행정기관(이하 "지역교육청"이라 한다)을 두고, 교육장은 장학관으로 보한다(지방교육자치에 관한 법률 제34조 ①,③).

제 3 절 | 지방의회와 집행기관의 관계

지방의회와 집행기관 간의 관계는 앞에서 설명한 바와 같이 집행기관 우위의 기관분립 형태이다. 지방의회에 비해 집행기관이 우위에 있게 되는 요인은 재의 요구와 제소권 및 선결처분권이 있기 때문이다. 이 중 행정안전부 장관이나 시 · 도지사의 요구에 의한 재의 요구나 제소는 집행기관이 지방의회에 비해 우위에 있다는 것을 나타내기보다는 양자간의 관계를 설명해 주는 요소이다.

1 재의요구권

지방자치단체장은 다음의 경우에 의회의 의결에 대해 재의결을 요구할 수 있다.

1) 조례안에 대한 재의 요구

지방자치단체장은 지방의회의 의결을 거쳐 이송받은 조례안에 대하여 이의가 있을 때에는 지방의회로 환부하고 재의를 요구할 수 있다. 이 경우 지방자치단체장은 조례안의 일부에 대하여 또는 조례안을 수정하여 재의를 요구할 수 없다(지방자치법 제26조 ③). 재의의 요구에 의하여 지방의회가 재의에 붙여 재적 과반수의 출석과 출석의원 3분의 2 이상의 찬성으로 전과 같은 의결을 하면 그 조례안은 조례로서 확정된다(지방자치법 제26조 ④).

2) 의결에 대한 재의 요구

지방자치단체장은 지방의회의 의결이 월권 또는 법령에 위반되거나 공익을 현저히 해한다고 인정되는 때에는 이유를 붙여 재의를 요구할 수 있다(지방자치법 제107조).

3) 예산상 집행할 수 없는 경비 의결에 대한 재의 요구

지방자치단체장은 지방의회의 의결에 예산상 집행할

수 없는 경비가 포함되어 있다고 인정되는 때와 지방의회가 법령에 의하여 지방자치단체가 의무적으로 부담하여야 할 경비 및 비상재해로 인한 시설의 응급 복구를 위하여 필요한 경비를 삭감한 경우에는 재의를 요구할 수 있다(지방자치법 제108조).

2 재의결 사항에 대한 제소권

지방자치단체장은 재의결 사항이 법령에 위반된다고 판단되는 때에는 재의결된 날로부터 20일 이내에 대법원에 소를 제기할 수 있고, 필요하다고 인정되는 때에는 그 의결의 집행을 정지하게 하는 집행정지 결정을 신청할 수 있다(지방자치법 제172조 ③).

3 선결처분권

선결 처분은 의회의 의결을 거쳐야 할 사항에 대하여 의회가 성립하지 않아 의결을 거칠 수 없거나 긴급한 사정이 있을 때 지방자치단체장이 의회의 의결을 거치지 않고 스스로의 판단과 책임 아래 먼저 처분을 행하는 것을 말한다(지방자치법 제109조). 지방자치단체장이 주민의 생명과 재산 보호를 위하여 긴급한 필요가 있는 경우 등에 행사하는 선결처분권은 헌법 제76조 ①의 규정에 의한 대통령의 긴급 재정경제처분·명령권, 긴급명령권과 유사한 제도라고 할 수 있으며, 지방자치단체장과 지방의회의 조정을 도모하는 한편, 긴급한 처리를 요하는 경우에 신속하게 대처할 수 있도록 함으로써 지방행정의 정체를 미연에 방지하는 것을 주된 목적으로 한다(김홍대, 1999: 294).

제 7 장 계층과 구역

제1절 계 층

* 자치계층 ─┬ 단층제
　　　　　　└ 다층제 - 2층제, 3층제

* 우리나라 지방 계층구조의 변화

시 기	지방행정 계층구조		
	상층	중층	하층
1949년 이후	[특별시], [도]	[시],군,구	[읍·면], 동
1961년 이후	[특별시], [도]	[시],[군],구	읍·면·동
1963년 이후*	[특별시], [직할시], [도]	[시],[군],구	읍·면·동
1988년 이후	[특별시], [직할시], [도]	[시], [군], [자치구], 구	읍·면·동
1995년 이후	[특별시], [광역시], [도]	[시], [군], [자치구], 구	읍·면·동
2006년 7월 1일 이후	[특별시], [광역시] [도], [특별자치도]	[시], [군], [자치구], 행정시, 구	읍·면·동

자료: 한국지방행정연구원, 1999: 88-99.

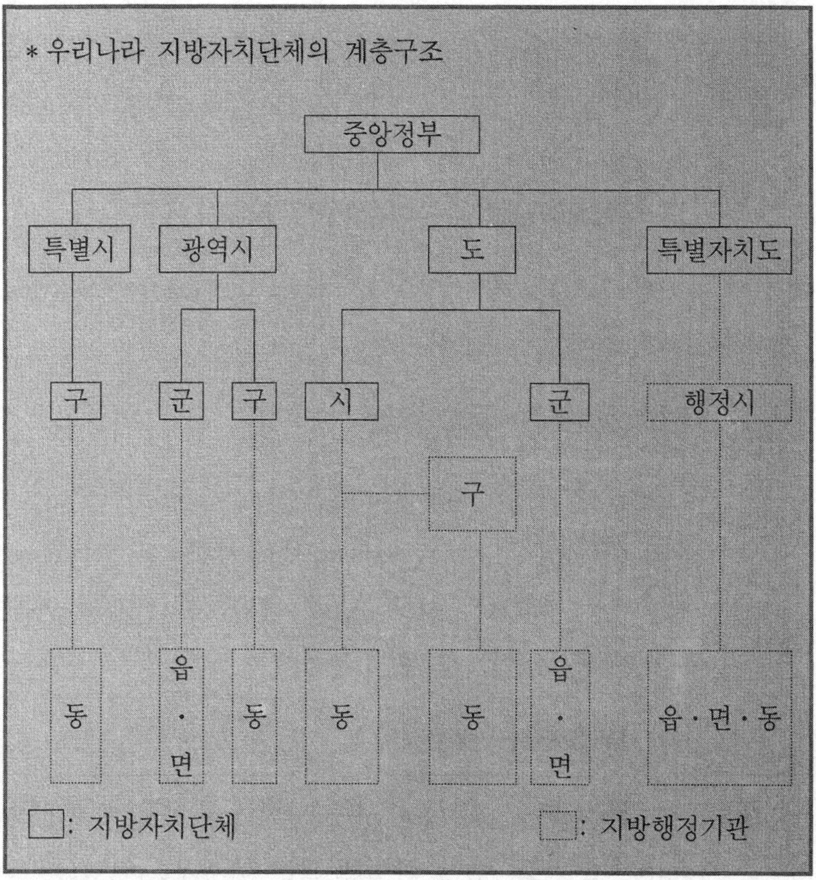

1 의 의

계층이란 지방자치단체와 중앙정부 간의 연결 구조를 말한다. 지방자치단체는 중앙정부와 계층적 관계를 이루게 되는데, 그 형태는 중앙정부와 직접 연결되는 단층제와 중간에 또 다른 지방자치단체가 존재하는 중층제 내지는 다층제가 있다.

2 계층의 성격

1) 지방자치단체는 중앙정부와 계층적 관계

지방자치단체는 국가의 한 부분으로 존재하므로 중앙정부와 계층적 관계에 있다.

2) 계층제는 상대적 성격

지방자치단체의 계층구조를 단층제와 다층제 중 어느 것이 적합한가의 문제는 정치·경제·사회·문화적인 상황, 사무의 종류, 자치권의 정도와 범위, 자치단체의 규모에 따라 상대적인 성격을 갖는다.

3) 자치계층과 행정계층

계층구조에는 자치권이 있는 자치단체 간의 자치계층과 수직적 지휘·감독 관계를 갖는 행정계층이 있다.

3 종 류

지방자치단체는 일정한 구역과 주민을 구성 요소로 한다. 지방자치단체의 계층구조에 대해 관할 구역 안에 지방자치단체가 하나만 존재하는 경우를 단층제(single-tier system)라 하고, 관할 구역 안에 다른 지방자치단체가 존재하는 경우를 다층제(multi-tier system)라고 한다.

1) 단층제

지방자치단체의 관할 구역 안에 지방자치단체가 하나만 존재하여 지역적 사무를 처리하는 제일선 지방자치단체가 중앙정부와 직접 연결되는 계층구조를 의미한다.

(1) 장점

① 신속한 행정의 용이

이중행정과 감독으로 인한 행정 지연 및 낭비를 방지할 수 있다.

② 행정책임의 명확화

중앙정부와 하나의 지방자치단체만 존재하므로 행정책임이 명확해진다.

③ 지역의 특성 존중

관할 구역 내에 하나의 지방자치단체만 존재하므로 지역의 특성이 존중된다.

(2) 단점

① 대규모사업의 수행 곤란

자치단체의 능력을 초과하는 대규모사업이나 광역행정의 수행이 곤란하다.

② 자치단체 간의 분쟁 조정의 곤란

자치단체 간 분쟁이 발생한 경우 조정할 수 있는 적절한 기관이 부족하다.

③ 중앙집권화의 가능성

광역적 사무를 중앙정부가 처리함에 따라 중앙집권화의 우려가 있다.

④ 중앙정부의 관리 제약

국토가 넓고 인구가 많은 나라는 기초자치단체 수가 많아서 중앙정부가 지방자치단체를 직접 관리하기 곤란하다.

2) 다층제

지방자치단체의 관할 구역 안에 다른 지방자치단체가 존재하여 기초자치단체와 중앙정부 사이에 또 다른 층을 이루는 자치단체가 존재하는 계층구조이다.

(1) 장점

① 대규모 사업의 수행이 용이

기초자치단체가 하기 곤란한 대규모 사업과 광역적 사무 수행이 용이하다.

② 자치단체 간 분쟁 조정의 용이

기초자치단체 간의 분쟁은 중간자치단체가 우선적으로 조정할 수 있다.

③ 중앙정부의 과도한 확장을 방지

광역적 사무를 중간자치단체가 처리하여 중앙정부의 과도한 확장을 방지할 수 있다.

④ 기초자치단체의 능력 보완

기초자치단체의 부족한 능력을 광역자치단체가 해결할 수 있다.

⑤ 기초자치단체에 대한 감독의 용이

기초자치단체의 수가 많은 경우 중간자치단체에 의해 감독이 용이하다.

⑥ 기초자치단체 간의 협력 및 중앙정부와 의사소통의 원활화

중간자치단체가 기초자치단체 간의 협력을 촉진시킬 수 있고, 중앙정부에 대한 기초자치단체의 의사소통을 지원해 줄 수 있다.

(2) **단점**

① 행정의 중첩으로 인한 낭비와 지연

동일한 주민과 구역을 대상으로 하고 있으므로 두 단체 간에 명확한 기능 배분이 이루어지지 않으면 행정의 중첩으로 인한 낭비와 지연이 발생할 수 있다.

② 행정 책임의 불명확

두 자치단체 간에 기능 배분이 불명확한 경우 행정 책임이 불명확해진다.

③ 중앙과 기초 간 의사소통의 왜곡

중간자치단체에 의해 중앙정부와 기초자치단체 간 의사소통이 왜곡될 수 있다.

④ 지역 특성의 경시 가능성

중간자치단체의 관할 구역 내에 도시 지역과 농촌 지역을 포함하는 경우 어느 한 지역적 특성이 경시될 수 있다.

4 우리나라 계층구조의 변화

1) 건국 초기－1961년 지방자치에 관한 임시조치법 공포 전

서울특별시는 단층제이고 그 외 지역은 도와 시, 읍·면의 2층제로 이중적 자치 계층구조로 되어 있었다. 그러나 행정계층은 서울특별시(서울특별시－구－동)와 도(도－시·군－읍·면) 모두 3층제를 유지했다.

2) 1961년 지방자치에 관한 임시조치법

1961년 9월 지방자치에 관한 임시조치법이 제정됨에 따라 종래 기초자치단체였던 읍·면이 자치단체의 지위를 상실하고 군이 지방자치단체의 지위를 갖게 되었다. 이에 따라 도의 경우 도와 시·군의 2층제 자치계층이 되었다. 그외 지역은 변동이 없고 읍·면은 군의 하급행정기관으로 전환되어 행정계층은 종전과 같은 3층제를 유지했다.

3) 직할시의 설치

1963년 1월 1일 법률 제1173호로 부산시가 직할시가 된 이래 인구의 증가 등에 따라 대구, 인천(1981. 7. 1), 광주(1986. 11. 1), 대전(1989. 1. 1)이 직할시가 되었고, 이어 울산(1997. 7. 15)이 광역시가 되었다(한국지방행정연구원, 1999: 101). 이에 따라 특별시와 광역시는 자치구가 설치되기 전까지는 단층제를 그 외 지역은 2층제를 유지했다.

4) 자치구의 설치

1988년 4월 특별시와 직할시의 구를 자치구로 개편하여 지방자치단체가 되었다. 이에 따라 특별시와 직할시(1995년 광역시로 변경) 등 대도시도 2층제의 자치계층이 되었다.

5) 특별자치도의 설치

2006년 1월 11일 제주도를 폐지하고 제주특별자치도를 설치할 수 있도록 지방자치단체의 종류에 특별자치도를 신설한 지방자치법이 개정되었다.

5 우리나라 계층구조의 문제점

1) 계층 수의 과다

지방자치단체 간의 계층은 2층이나 행정계층은 3층(특별시 · 광역시 · 도 · 특별자치도 - 시 · 군 · 자치구 · 행정시 - 읍 · 면 · 동) 내지 4층(도-시-구-동)을 이루고 있어서 기능상의 중복으로 인한 책임 회피, 마찰, 행정 낭비 등이 초래되고 있다.

2) 계층 간 상하 관계의 엄격성

중앙정부와 지방자치단체 간의 관계는 수직적 상하의 관계에 있다. 이는 지방자치법을 비롯한 법령을 통해 지방자치단체의 자치권에 대해 많은 제약을 가하고 있기 때문이다. 광역자치단체와 기초자치단체 간에도 수직적 상하 관계가 유지되고 있다.

3) 광역행정상의 제약

대도시행정은 도시 전체를 하나의 단위로 수행될 필요가 있음에도 불구하고 자치구제가 실시됨에 따라 대도시의 전체적 행정 수행에 제약이 가해지고 있다.

6 계층조정의 문제

계층조정은 지방의원 및 단체장의 신분 상실, 공무원 수의 감소, 관리 감독 주체의 변화에 따른 민간 부문의 이해 득실, 지방정치의 구도 변화 등 이해 관계로 인해 계층조정은 매우 복잡하고 곤란한 문제이다. 따라서 주민들의 합의를 전제로 신중하게 처리되어야 할 문제이다.

* **계층조정의 예**

런던은 1963년 구 런던 지역의 12개 자치구와 외곽의 20개 자치구 그리고 특별자치구(City of London)를 합쳐 광역런던의회(Greater London Council)를 탄생시켜 2층제 자치계층구조가 되었다. 표면적인 이유는 도시정부의 광역사무를 원활히 처리한다는 것이었지만 실질적인 이유는 사회주의자들에 의해 장악되고 있는 구 런던을 보수 중산층이 많은 외곽 지역과 통합하여 사회주의자들이 도시정부를 장악하지 못하게 할 목적이 있었던 것이다. 그런데 1981년 선거에서 노동당이 92개 의석 중 48석을 차지함으로써 광역런던의회가 사회주의 정책을 추진하여 대처 수상의 보수주의적 재정·경제정책과 대립하게 되었다. 이에 따라 보수당 정부는 1986년 행정의 효율화 명분으로 광역런던의회를 폐지하여 자치계층은 단층제가 되었다. 이후 2000년 5월까지 런던지역에는 광역자치단체가 존재하지 않았다. 이로 인한 가장 큰 문제는 국제적인 규모의 초거대도시의 문제를 전체적으로 조망할 정책담당자가 존재하지 않는다는 점이었다. 그리하여 2000년 5월 런던광역정부(Greater London Authority)를 설치하고 다시 2층제로 복귀했다(이종수, 2001: 90-99).

제2절 | 구 역

- *구역의 성격
  - 기능과 관련
  - 계층구조와 관련
  - 보수적 성격
- *구역조정의 필요성
  - 행정 수요의 증가
  - 광역행정의 필요성
  - 행정의 형평성에 대한 요구
  - 행정의 전문화 요구
  - 교통과 통신의 발달
  - 자치권의 축소 억제
  - 주민 참여
- *구역 설정의 기준 - 기초자치단체
  - 공동체 의식
  - 생활권
  - 행정의 능률성
  - 주민 참여의 가능성
  - 재원 조달의 가능성

—광역자치단체 —┬조정 가능성
　　　　　　　　└기능적 보완성

* 현행 자치구역의 문제점 ┬사회 · 경제적 변화와 괴리
　　　　　　　　　　　　├광역적 사무의 처리 곤란
　　　　　　　　　　　　└자치단체 간의 불균형

1 의 의

지방자치단체의 구역이란 자치단체의 자치권이 미치는 지역적 범위를 말한다. 지방자치단체의 구역은 지방자치의 장소적 요소로서, 소극적으로는 지방자치단체의 권능을 지역적으로 한정시키며, 적극적으로는 그 구역 안에 주소나 거소를 둔 사람 및 그 구역과 일정한 장소적 관계를 가진 사물을 해당 지방자치단체의 권능에 복종시키는 효과를 가져온다(최창호, 2001: 205). 구역은 지방자치가 이루어지는 지역적 단위이므로 지역사회의 공적 문제 해결에 주민이 주체적으로 충분히 참여할 수 있는 규모가 되어야 한다. 또한 구역은 고정된 것이 아니고 경제 · 사회적 발전과 교통통신의 발달에 따라 변경될 수 있는 것이다.

2 구역의 성격

1) 기능과 관련

구역은 지방자치단체의 기능과 분리될 수 없는 문제이다. 지방자치단체의 기능 수행에는 적정한 구역의 크기가 있을 수 있다. 따라서 지방자치단체가 수행하는 기능의 성격과 내용에 따라서 구역의 크기가 달라져야 하고, 기능의 변화에 따라 구역의 크기도 적정하게 조정되어야 한다.

2) 계층구조와 관련

지방자치단체의 관할 구역은 계층구조와도 밀접한 관련이 있다. 관할 구역이 좁아지면 계층이 늘어나게 되고, 계층의 수를 줄이면 관할 구역은 넓어질 수밖에 없는 상대적인 관계에 있다. 중앙정부와 지방자치단체와의 관계에서 관할 구역이 좁아진다는 것은 결과적으로 지방자치단체의 수가 많아지는 것을 의미하고, 지방자치단체의 수가 많아지면 중앙정부와 지방자치단체가 직접적인 관계를 이루기 어렵기 때문이다.

3) 보수적 성격

지방자치단체의 관할 구역은 역사적인 산물이기 때문

에 구역의 변경은 주민들의 생활이나 정서와 밀접한 관련이 있다. 따라서 구역의 변경은 전통과 역사에 대한 고려 없이는 주민의 강력한 저항에 직면할 가능성이 많은 문제이다. 지방자치법에서도 구역을 변경하는 경우에는 지방의회의 의견을 듣도록 하고 있고(지방자치법 제4조 ②), 지방자치단체의 폐치·분합의 경우에는 주민투표에 부칠 수 있도록 하고 있다(주민투표법 제8조 ①).

3 구역조정의 필요성

지방자치단체의 구역은 행정 서비스를 제공하는 지역적 단위이다. 따라서 행정 서비스에 대한 수요의 변화에 따라 구역은 적정하게 조정되어야 한다. 구역조정의 현대적 경향은 구역이 점차 광역화한다는 것이다.

1) 행정 수요의 증가

행정 수요가 양적으로 증가함에 따라 이러한 수요에 대응하기 위해 재정 수요가 증가하게 된다. 그러나 기존의 자치단체가 이러한 요구를 충족시킬 만한 재정적 능력이 부족하면 자치단체는 적정하게 확대될 필요가 있다.

2) 광역행정의 필요성

도시의 규모가 확대됨에 따라 지방자치단체의 관할 구역을 넘어서 도시계획, 상·하수도, 교통, 주택 등의 문제가 발생한다. 이러한 문제는 종래의 소규모 자치단체가 개별적으로 처리하는 것보다는 광역적으로 처리하는 것이 효과적이다.

3) 행정의 형평성에 대한 요구

지방재정력은 지역경제를 반영하는 데 지역경제력의 차는 불가피한 면이 있다. 원천적으로 입지 조건이나 자원의 부존 정도가 다양하기 때문이다. 그런데 지방행정서비스는 지방재정력을 바탕으로 이루어지므로 지역 간의 차이가 발생하게 된다. 이러한 지역 간의 차이를 해소하고 행정의 형평성을 확보하기 위해서는 행정 서비스가 이루어지는 지역적 단위를 확대할 필요가 있다.

4) 행정의 전문화 요구

사회가 복잡해지고 과학기술이 발전함에 따라 행정에서도 전문적인 지식이 필요하게 되었다. 이를 위해 전문적인 시설과 인력이 필요하게 되었으나 소규모 지방자치단체로서는 능력이 부족하여 자치단체의 규모가 확대될 필요가 있다.

5) 교통과 통신의 발달

교통과 통신의 발달에 따라 생활권과 경제권이 확대되고 지방자치단체의 관할 구역도 확대될 수 있게 되었다.

6) 자치권의 축소 억제

지방자치단체의 사무가 광역화함에도 불구하고 구역을 조정하지 않고 소구역을 유지할 때는 자치단체의 능력상의 한계로 인해 상위 자치단체 또는 국가의 사무로 이관하게 되어 결과적으로 자치권의 축소 가능성을 야기한다.

7) 주민 참여

자치단체 구역의 과도한 확대는 주민이 지역의 공적 문제를 자신의 문제로 인식하기 어려워서 주민 참여를 약화시킨다.

4 구역설정의 기준

1) 기초자치단체

(1) 공동체 의식

주민 상호간에 공동체 의식을 가지고 있는 지역적 범위를 구역으로 결정해야 한다.

(2) 생활권

경제·사회·문화적 생활권의 범위를 고려해야 한다.

(3) 행정의 능률성

행정의 능률성을 극대화시킬 수 있는 지역적 범위를

고려해야 한다.

(4) 주민 참여의 가능성

주민의 참여가 용이한 정도의 지역인지를 고려해야 한다.

(5) 재원 조달의 가능성

자치단체에 필요한 재원을 조달할 가능성이 있는 크기의 지역이어야 한다.

2) 광역자치단체

(1) 조정 가능성

기초자치단체 간의 갈등이나 분쟁의 조정이 용이한 정도의 지역이어야 한다.

(2) 기능적 보완성

기초자치단체의 능력을 초월하는 기능을 보완하기 용이한 정도의 지역이어야 한다.

5 현행 자치구역의 문제점

1) 사회·경제적 변화와 괴리

사회·경제적 변화에 따라 자치구역이 조정되지 못한 채 갑오경장 이후의 13도제와 군제의 기본적 골격이 유지되고 있다. 즉, 1896년의 13도(김운태, 1991: 347)와

1914년 이래의 군(서태윤, 1985: 378-386)이 기본적 구조로 현재까지도 유지되고 있는 것이다.

2) 광역적 사무의 처리 곤란

사회·경제적 변화에 따라 지방자치단체의 관할 구역을 넘는 문제가 증가하는데, 이를 해결하는 데 기존의 자치구역이 장애가 되는 경우가 많다.

3) 자치단체 간의 불균형

자치단체 간의 인구와 재정력의 격차가 심해지고 있다. 특히 도시 지역과 농촌 지역 간의 인구와 재정력의 격차는 점차 심화되고 있다.

6 도농통합형 자치구역 개편 논의

자치구역 개편에 대한 대표적인 논의로서 도농통합형 자치구역 개편에 대해 살펴보고자 한다.

1) 도농통합의 의의

도시와 배후 농촌 지역을 하나의 자치구역으로 통합하는 것을 의미한다. 종전의 자치구역 개편은 성장거점 개발전략에 따라서 중심도시를 배후 농촌 지역으로부터 분리시키는 도농분리형 방식으로 이루어져 왔다(최양부·윤원근, 1988: 45). 그런데 농촌 지역에서 분리된 시가 주변의 군 지역과 공존하지 못하고 오히려 시·군 간의 대립으로 인해 행정의 비능률을 초래했고, 지역 간의 격차가 심해지는 부작용이 발생했다. 이러한 배경에서 추진된 것이 도시와 농촌 간의 자치구역 통합이다.

2) 시·군 통합의 과정

(1) 제1차 시·군 통합(1984. 8. 3)

시·군 통합의 기본법인 '경기도 남양주시 등 33개 도농통합 형태의 시 설치 등에 관한 법률'이 1994년 7월 14일 통과되고 8월 3일 공포되어 33개의 도농 통합시가 1995년 1월 1일자로 설치되었다.

(2) 제2차 시·군 통합

1994년 12월 2일 '전라남도 광양시 등 2개 도농복합 형태의 시 설치에 관한 법률'이 국회를 통과하고 12월 22일 공포되어 동광양시와 광양군이 광양시로 울산시와 울산군이 울산광역시로 1995년 1월 1일부터 시행되었다.

(3) 제3차 시·군 통합

1995년 5월 10일 '경기도 평택시 등 5개 도농복합 형태의 시 설치 등에 관한 법률'이 공포되어 제3차 시·군 통합이 이루어졌다.

(4) 제4차 시·군 통합

1997년 12월 17일 '전라남도 여수시 도농복합 형태의 시 설치 등에 관한 법률'이 공포되어 여수시, 여수군, 여천시가 여수시로 통합되었다.

3) 시 · 군 통합에 대한 평가

(1) 긍정적 평가

① 생활권과 행정권의 일치

과거에 군 지역 안의 읍이 시로 승격함에 따라 구역은 분리되어도 시와 군의 주민들은 분리되기 전과 크게 다름없이 시를 중심으로 이루어지는 것이 일반적이었다. 시 · 군 통합 전인 1994년 전국 68개 시 중에서 군청이 시 지역 안에 소재하는 곳은 41개에 달했다 (권선택, 1994: 63). 따라서 시 · 군 통합은 분리된 생활권과 행정권을 일치시킨다는 효과가 있다.

② 비용의 절감

본래 하나였던 행정구역이 둘 이상으로 분리되면 행정기관과 공무원 수가 증가하며 공무원의 직급도 상향 조정되어 행정비용이 증가한다. 따라서 시 · 군 통합에 의해 행정이 일원화되면 비용을 절감할 수 있다.

③ 규모의 경제 실현

규모의 경제는 생산량을 늘릴 경우 생산 비용이 감소하는 것을 말한다. 지방행정 서비스도 시 · 군 통합을 통해 기존의 자치구역을 확대시키면 행정 서비스를 가장 적은 비용으로 제공하는 규모의 경제를 실현할 수 있다.

④ 광역적 문제의 효과적 해결

시·군 통합을 통해 종전의 시·군이 혐오시설의 건설 등을 둘러싸고 대립과 갈등을 벌이다가 두 지역이 통합됨에 따라 이러한 광역적 문제가 효과적으로 해결될 수 있게 되었다.

⑤ 도시와 농촌 간의 균형적 발전

군의 도시 지역인 읍이 시로 분리되면 남은 군 지역은 인구와 면적이 축소되고 지방재정력이 취약해진다. 또한 시 지역도 시간이 지남에 따라 토지 부족의 문제에 직면하게 된다. 따라서 시·군 통합은 재정력의 격차를 해소하고 도시 지역과 농촌 지역의 균형적 발전을 촉진시킨다.

(2) **부정적 평가**

① 도시 지역 위주의 행정 가능성

도시와 농촌 지역은 생활환경, 소득 수준, 경제활동 등이 서로 다르기 때문에 주민의 행정 수요도 다양하다. 도시 지역은 도로, 상하수도 등 각종 편의시설에 대한 수요가 많고, 농촌 지역은 농지개량, 농산물 판매 등에 대한 수요가 많다, 그런데 도시 지역 출신의 지방의원의 수가 많아 도시 지역 위주로 행정이 이루어질 가능성이 많다.

② 행정의 대응성 저해 가능성

시·군 통합은 자치단체의 규모를 확대시키기 때문에

주민의 행정에 대한 접근성이 떨어져서 주민의 요구에 충실한 지방행정이 이루어질 가능성이 적다. 특히 보건, 복지, 교육 등 주민의 일상생활과 밀접한 부문에서 행정의 대응성이 떨어질 가능성이 높다.

* **우리나라의 행정구역 통합**(2010)

행정안전부는 2009년 9월 2일 주민의 삶의 질 개선과 지역경쟁력 강화를 위한 자치단체 자율 통합 지원계획을 발표하고 2009년 9월 30일까지 자치단체장·지방의회·주민으로부터 통합 건의서를 받았다. 그 후 전국 18개 지역 34개 시·군에서 통합 건의가 들어왔다. 여론조사를 통해 통합이 바람직한 것으로 나타난 지역에 대해서는 지방의회 의결, 주민투표 등을 통해 통합을 결정하기로 했다. 대상 지역 지방의회가 모두 통합에 찬성하면 주민투표는 생략되고, 그렇지 않으면 주민투표를 하게 된다. 그 결과 창원, 마산, 진해시 의회가 2009년 12월 11일 행정안전부에 의견을 제출했다. 경기도 성남시의회도 2010년 1월 22일 행정구역 통합안이 찬성 의결되었다. 그러나 2010년 3월 12일 '경상남도 창원시 설치 및 지원 특례에 관한 법률'만이 제정되어 2010년 7월 1일 종전의 창원, 마산, 진해시가 창원시로 출범하게 된다.

* **일본의 기초자치단체**(市·町·村) **합병**

일본 정부는 지방분권의 추진, 고령화에 대응, 다양한 주민요구에 대응, 생활권의 광역화에 대응 및 효율서의 향상을 위해 2003년 12월 1일 현재 3,176개인 기초자치단체를 2005년 3월까지 1,000개를 목표로 합병을 유도하고 있다. 이를 위해

1999년 자치성에 '합병추진본부'를 설치하고, 2005년 3월 31일까지 합병하는 지방공공단체에 대해서는 '시 · 정 · 촌의 합병의 특례에 관한 법률'에 의해 재정적 지원을 하기로 했다(일본 총무성 합병상담코너, 2003. 12. 14). 일본의 기초자치단체는 2010년 3월 31일까지 1,730개(市: 786, 町: 757, 村: 187)로 합병될 예정이다(일본총무성 합병상담코너, 2010. 1. 30).

제 8 장 지방자치단체의 사무배분

* 사무배분의 결정 요인
  - 규범적 - 합목적성, 효율성
  - 현실적 - 정치 · 행정적 이해 관계, 지방의 능력

* 사무배분의 원칙
  - 현지성의 원칙
  - 행정 책임 명확화의 원칙
  - 종합성의 원칙
  - 경제성의 원칙
  - 통일성의 원칙

* 우리나라의 사무배분 원칙

  국가와 지방자치단체
  - 국가사무 처리 금지의 원칙
  - 상호 중복 금지의 원칙
  - 지방자치단체 우선의 원칙
  - 일괄성의 원칙

  광역과 기초
  - 비경합의 원칙
  - 기초자치단체 우선의 원칙
  - 능률성의 원칙

* 우리나라의 사무배분 방식

- 포괄적 예시주의
  - 지방자치단체의 사무: 지방자치법 제9조
  - 광역과 기초 간의 사무배분: 지방자치법 제10조
  - 시·도-시·군·자치구

- 특례주의
  - 자치구에 대한 특례
  - 인구 50만 이상 도시에 대한 특례
  - 서울특별시에 대한 특례
  - 제주특별자치도에 대한 특례
  - 인구 100만 명 이상 도시에 대한 특례

* 사무의 유형
- 자치사무(고유사무)
- 위임사무
  - 단체위임사무
  - 기관위임사무

제1절 | 의 의

공공사무는 가능한 한 주민과 가장 가까운 기초자치단체에서 처리되어야 하고, 기초자치단체에서 처리될 수 없는 사무는 광역자치단체에서 처리하며 광역자치단체에서 처리할 수 없는 사무를 국가가 처리하는 것이 바람직하다. 이같이 일정 국가 내에서 처리되어야 할 공공사무를 국가사무와 자치사무로 나누고, 처리 권한을 중앙정부와 지방자치단체에 부여하는 것을 사무배분이라고 한다.

제2절 | 사무배분의 결정 요인

사무배분의 결정 요인은 규범적 측면과 현실적 측면으로 나누어 볼 수 있다.

1 규범적 측면

1) 합목적성

중앙정부나 지방자치단체의 존립 목적에 맞추어 사무를 배분하는 것이다. 국가의 주권 행사와 관련하여 국방이나 외교 기능은 중앙정부에 배분하고 주민들의 일상생활과 직결되는 사무는 지방자치단체에 배분하는 것이다.

2) 효율성

가장 적은 비용으로 행정 서비스를 제공할 수 있는 지

역적 크기에 따라 사무를 배분하는 것이다. 즉 규모의 경제에 따라 서비스 공급의 최적 규모가 될 수 있도록 사무를 배분하는 것이다.

2 현실적 측면

사무배분은 현실적으로 중앙 정치권이나 정부의 이해관계와 지방자치단체의 행정적·재정적 능력과 주민의 자치 의식 수준에 의해 결정된다.

제 3 절 | 사무배분의 원칙

기능배분에 대한 절대적인 원칙은 있을 수 없고 국가나 시대에 따라 달라질 수밖에 없다. 1949년 미국의 소프(Shoup)사절단이 일본의 실정을 조사하여 연합군사령관에게 제출한 보고서에 의하면 기능배분에 관한 원칙으로 행정 책임 명확화의 원칙, 능률의 원칙 및 지방공공단체 우선 및 시·정·촌 우선의 원칙을 제시했다(坂田期雄, 1979: 87-88). 1964년에 일본의 임시행정조사회가 연구·보고한 '사무배분에 관한 의견'에서는 현지성의 원칙, 종합성의 원칙 및 경제성의 원칙을 제시하고 있다(和田英夫, 1965: 247-249). 기능배분에 관한 1983년의 법률은 프랑스의 기능배분의 원칙을 지방자치단체 간의 감독 금지의 원칙, 총체적 이양의 원칙, 단일 자치단체에의 배분 및 지방행정계층 전문화의 원칙, 경비의 전액 보상의 원칙 및 점진 이양의 원칙이다(정세욱, 2001: 207-208).

이같이 다양한 원칙 중에서 중요한 것을 정리하면 다음과 같다.

1 현지성의 원칙

주민의 참여와 통제가 용이한 기초자치단체에 가능한 한 많은 사무를 배분해야 한다.

2 행정 책임 명확화의 원칙

국가와 자치단체별로 사무를 명확히 배정하여 행정 책임을 명확히 해야 한다.

3 종합성의 원칙

행정사무는 중앙정부의 일선기관보다는 일반지방자치단체에 집중적으로 배분해야 한다.

4 경제성의 원칙

최소의 처리 경비로 행정 업무를 처리할 수 있도록 사무를 배분해야 한다.

5 통일성의 원칙

서비스의 수준을 전국적으로 일정하게 유지할 필요가 있는 행정사무는 중앙정부가 수행해야 한다.

제 4 절 | 우리나라의 사무배분 원칙

우리나라 지방자치법 및 지방자치 관련법을 통해 발견할 수 있는 사무배분의 원칙은 다음과 같다.

1 국가와 지방자치단체

1) 국가사무 처리 금지의 원칙

지방자치단체는 법률에 다른 규정이 있는 외에는 국가

사무를 처리할 수 없다고 규정하고 있다(지방자치법 제11조).

2) 지방자치단체 우선의 원칙

국가와 지방자치단체 간에 사무를 배분함에 있어서는 지방자치법 제11조에 규정된 국가사무를 제외하고는 가능한 한 지방자치단체에 배분하여야 한다고 규정하고 있다(중앙행정 권한의 지방이양 촉진 등에 관한 법률 제4조 제1항).

3) 일괄성의 원칙

지방자치법 제9조 제2항 각 호에 예시된 사무를 지방자치단체에서 가능한 한 독자적으로 처리하도록 할 것과 지방자치단체가 이양받은 사무를 자주적인 책임과 결정 아래 처리할 수 있도록 이양되는 사무와 관련되는 일체의 사무를 가능한 한 동시에 이양하도록 규정하고 있다(중앙행정 권한의 지방이양 촉진 등에 관한 법률 제3조 제1항 ①, ③).

2 광역자치단체와 기초자치단체

1) 비경합의 원칙

시·도와 시·군 및 자치구는 그 사무를 처리함에 있

어서 서로 경합하지 아니하도록 하여야 한다고 규정하고 있다(지방자치법 제10조 ③).

2) 기초자치단체 우선의 원칙

서로 경합되는 경우에는 시·군 및 자치구에서 우선적으로 처리한다(지방자치법 제10조 ③). 주민의 복리 및 생활 편의와 직접 관련된 권한 내지 사무는 시·군 및 자치구에서 우선적으로 배분할 것(중앙행정 권한의 지방이양 촉진 등에 관한 법률 제3조 제1항⑤)을 규정하고 있다.

3) 능률성의 원칙

지방자치단체의 종류별 사무배분 기준(지방자치법 제10조 ①)에서 시·도의 기준으로 제시된 행정처리 결과가 2개 이상의 시·군 및 자치구에 미치는 광역적 사무 등은 능률적인 사무 처리를 위한 기준으로 볼 수 있다. 또한 중앙행정 권한의 지방이양 촉진 등에 관한 법률 제3조 제1항 ②에 의하면 사무배분에 있어서 자치단체의 여건과 능력을 고려하여야 하고 ⑥에는 시·군·자치구의 전문적·기술적 능력을 초월하거나 업무의 성격상 시·도에서 처리함이 합리적인 사무는 시·도로 이양할 것을 규정하고 있는 바 이 또한 능률성에 입각한 기준을 제시한 것으로 볼 수 있다.

제 5 절 | 사무배분의 방식

중앙정부의 지방자치단체에 대한 사무배분의 방식에는 개별적 배분 방식, 포괄적 배분 방식 및 절충 방식이 있다.

1 개별적 배분 방식

국회(미국은 주의회)에서 제정한 특별법에 의해 사무종목을 지정하여 배분하는 방식으로 영국을 비롯한 오스트레일리아, 캐나다, 스웨덴, 덴마크 등에서 이 방식을 쓰고 있다(최창호, 2001: 288). 이러한 방식은 사무가 구체적으로 명시되고, 주어진 사무에 대해서는 비교적 철저한 자치권을 부여받는다.

2 포괄적 배분 방식

지방자치에 관한 일반법에 의해 모든 지방자치단체에 구체적인 사무를 명시하지 않고 지방적 사무에 대한 처리권을 포괄적으로 부여하는 방식이다. 이 경우 지방자치단체는 법률상 금지된 특별히 금지된 사무나 중앙정부가 반드시 처리하도록 되어 있는 사무 외에는 모든 사무를 처리할 수 있다.

3 절충 방식

일본의 경우 개별 지방자치단체별로 사무배분을 하지 않고 중간자치단체와 기초자치단체로 나누어 일괄 배정하되, 지방자치법의 별표에서 법정 수탁사무로서 광역자치단체가 처리할 사무(제1호)와 기초자치단체가 처리할 사무(제2호)를 각 개별법의 근거를 제시하여 일일이 열거하는 '열거적 개괄수권 방식'을 채택하고 있는데, 이것도 절충 방식의 하나이다(최창호, 2001: 290).

제 6 절 | 우리나라의 사무배분 방식

1 포괄적 예시주의

1) **지방자치단체의 사무**(지방자치법 제9조)

제1항에서는 지방자치단체는 관할 구역의 자치사무와 법령에 의하여 지방자치단체에 속하는 사무를 처리한다고 규정하고, 2항에서는 지방자치단체의 6개 사무 영역

을 다음과 같이 예시하고 있다.

(1) 지방자치단체의 구역, 조직 및 행정관리 등에 관한 연구

(2) 주민의 복지 증진에 관한 사무

(3) 농림·상공업 등 산업 진흥에 관한 사무

(4) 지역 개발 및 주민의 생활환경 시설의 설치·관리에 관한 사무

(5) 교육·체육·문화·예술의 진흥에 관한 사무

(6) 지역 민방위 및 소방에 관한 사무

2) 광역과 기초 간의 사무배분(지방자치법 제10조)

지방자치단체의 종류별 사무배분 기준은 다음과 같다.

(1) 시·도

① 행정 처리 결과가 2개 이상의 시·군 및 자치구에 미치는 광역적 사무

② 시·도 단위로 동일한 기준에 따라 처리되어야 할 성질의 사무

③ 지역적 특성을 살리며 시·도 단위로 통일성을 유지해야 할 필요가 있는 사무

④ 국가와 시·군 및 자치구 간의 연락 조정 등의 사무

⑤ 시·군 및 자치구가 독자적으로 처리하기에 부적절한 사무

⑥ 2개 이상의 시·군 및 자치구가 공동으로 설치하는

것이 적당하다고 인정되는 규모의 시설 설치 및 관리에 관한 사무

(2) 시 · 군 및 자치구

시 · 도가 처리하는 것으로 되어 있는 사무를 제외한 사무

2 특례주의

우리나라 지방자치법의 사무배분 방식은 포괄적 예시주의를 채택하고 있으나 광역과 기초자치단체 간에는 지방자치단체의 특수성에 따라 다음과 같은 예외를 적용하고 있다.

1) **자치구에 대한 특례**(지방자치법 제2조 2항)

지방자치법에서 자치구의 자치권의 범위는 법령이 정하는 바에 의하여 시 · 군과 다르게 할 수 있다고 규정하고, 지방자치법 시행령 제9조에서는 시 · 군과 다르게 자치구에서 처리하지 아니하고 특별시 광역시에서 처리하는 사무를 [별표 2]에서 예시하고 있다. [별표 2]에서 예시하고 있는 사무는 '지방자치단체의 인사 및 교육 등에 관한 사무' 등 모두 14종류로 다음과 같다. 이같이 자치구에 대한 특례를 인정하는 이유는 자치구가 시 · 군과는 달리는 생활권을 단위가 아니라 행정적 편의에 의해 만

들어진 행정구역이라는 성격이 크기 때문이다.

* [별표 2] 자치구에서 처리하지 않고 특별시·광역시에서 처리하는 사무<개정 2009. 8. 13>

1. 지방자치단체의 인사 및 교육 등에 관한 사무
2. 지방재정에 관한 사무
3. 매장 및 묘지 등에 관한 사무
4. 청소·오물에 관한 사무
5. 지방 토목·주택 건설에 관한 사무
6. 도시계획에 관한 사무
7. 도로의 개설과 유지·관리에 관한 사무
8. 상수도 사업에 관한 사무
9. 공공하수도에 관한 사무
10. 공원 등 관광·휴양시설의 설치·관리에 관한 사무
11. 지방궤도사업에 관한 사무
12. 대중교통행정에 관한 사무
13. 지역경제 육성에 관한 사무
14. 교통신호기, 안전표시등의 설치·관리에 관한 사무

2) 인구 50만 이상 도시에 대한 특례(지방자치법 제10조 1항 2호)

지방자치법에는 인구 50만 이상의 시에 대하여는 도가 처리하는 사무의 일부를 직접 처리하게 할 수 있다고 규

정하고, 지방자치법 시행령 제10조에서는 '인구 50만 이상의 시'라 함은 자치구가 아닌 구가 설치된 시를 말하며, 이들이 처리할 수 있는 도의 사무를 [별표 3]에서 예시하고 있다. [별표 3]에서 예시하고 있는 사무는 '보건의료에 관한 사무' 등 모두 18종류로 다음과 같다.

* [별표 3] 인구 50만 이상의 시가 직접 처리할 수 있는 도의 사무(18종) <개정 2008. 12. 31>

1. 보건의료에 관한 사무
2. 지방공기업에 관한 사무
3. 주택 건설에 관한 사무
4. 토지구획 정리사업에 관한 사무
5. 도시계획에 관한 사무
6. 도시재개발사업에 관한 사무
7. 환경보전에 관한 사무
8. 건설기계 관리에 관한 사무
9. 자동차 운송사업에 관한 사무
10. 지방공무원 인사 및 정원관리에 관한 사무
11. 지적에 관한 사무
12. 열 사용 기자재에 관한 사무
13. 식품 제조업(유가공품 제조업 및 식육제품업에 한한다)에 관한 사무
14. 묘지 · 화장장 및 납골당의 운영관리에 관한 사무
15. 사회복지시설에 관한 사무

16. 고압가스에 관한 사무
17. 도시가스에 관한 사무
18. 지방채 발행 승인 신청

3) 서울특별시에 대한 특례(지방자치법 제174조 1항)

서울특별시의 특수성을 고려하여 법률이 정하는 바에 의하여 특례를 둘 수 있도록 규정하고, 이에 의해 제정된 '서울특별시 행정특례에 관한 법률"에 의해 특례가 인정되고 있다.

4) 제주특별자치도에 대한 특례(지방자치법 제174조 2항)

제주특별자치도의 특수성을 고려하여 법률이 정하는 바에 의하여 특례를 둘 수 있다고 규정하고, 이에 의해 제정된 '제주특별자치도 설치 및 국제자유도시 조성을 위한 특별법'(2006. 7. 1 시행)은 사무배분에 대한 특례가 가능하도록 규정하고 있다.

5) 인구 100만 이상의 도시에 대한 특례(2010. 1. 15 정부에서 법률안 제출)

지방자치단체 통합 및 지원특례법안 제8조에 의하면 인구 100만 이상인 통합 지방자치단체장은 도지사의 사무 일부를 직접 처리할 수 있다.

제 7 절 | 사무배분의 제약과 사무의 유형

1 제 약

지방자치법 제9조 제1항에서 "지방자치단체는 그 관할 구역의 자치사무와 법령에 의하여 지방자치단체에 속하는 사무를 처리한다"고 규정하고 제2항에서는 지방자치단체의 사무를 6개 분야 57개의 사무를 예시하고 있다. 그러나 제9조 제2항 단서에는 "다만, 법률에 이와 다른 규정이 있는 경우에는 그러하지 아니하다"라는 단서 조항이 있다. 따라서 다른 법률에서 지방자치법에 예시된 사무의 처리 주체를 다르게 규정하면 국가의 사무가 될 수도 있다는 한계가 있다.

2 사무의 유형

1) 기관위임사무

기관위임사무란 법령에 의하여 국가 또는 상급 지방자치단체로부터 지방자치단체의 집행기관에 위임된 사무를 말한다. 우리나라 지방자치법은 "시·도와 시·군 및 자치구에서 시행하는 국가사무는 법령에 다른 규정이 없는 한 시·도지사와 시장·군수 및 자치구의 구청장에게 위임하여 행한다"(지방자치법 제102조)고 규정하고 있다. 여기서 시·도지사와 시장·군수 및 자치구의 구청장에게 위임하여 행하는 사무가 바로 기관위임사무를 의미한다.

2) 단체위임사무

단체위임사무는 법령에 의하여 국가 또는 상급자치단체로부터 그 지방자치 단체에 위임된 사무를 말한다. 우리나라 지방자치법에 "법령에 의하여 지방자치단체에 속하는 사무"(지방자치법 제9조 ①)가 바로 단체위임사무를 의미하는 것이다. 단체위임사무는 일단 지방자치단체에 위임된 이상 자치단체의 사무로 취급되고, 법령상 중앙통제나 경비 부담의 범위에서 차이가 있다.

3) 자치사무

지방자치단체의 존립 목적과 직결되는 본래적 사무, 즉 주민의 복리 증진을 위한 사무를 의미한다. 이러한 사무는 지방자치단체가 자기 의사와 책임 및 부담 아래 처리해야 한다는 의미에서 자치사무 또는 고유사무라고 한다.

4) 사무 구분의 필요와 실태

(1) 구분의 필요

지방자치단체에서 처리하는 사무를 기관위임사무, 단체위임사무 및 자치사무로 구분할 현실적인 필요는 다음과 같다.

① 지방의회의 권한

지방의회의 권한은 원칙적으로 단체위임사무와 자치사무에 한하여 행사된다.

② 단체장의 위법·부당한 명령이나 처분 시정(지방자치법 제169조 ①)

지방자치단체의 사무에 관한 그 장의 명령이나 처분이 법령에 위반되거나 현저히 부당하여 공익을 해한다고 인정될 때에는 주무부 장관이나 시·도지사가 기간을 정하여 서면으로 시정을 명하고 그 기간 내에 이행하지 않을 때에는 취소·정지할 수 있다. 이 경우 자치사무에 대해서는 법령 위반의 경우에 한한다.

③ 직무이행명령(지방자치법 제170조 ①)

지방자치단체장이 법령의 규정에 의하여 그 의무에 속하는 국가위임사무 또는 시·도 위임사무의 관리 및 집행을 명백히 해태하고 있다고 인정되는 때에는 주무부 장관이나 시·도지사가 기간을 정하여 서면으로 이행할 사항을 명령할 수 있다.

④ 국정감사 및 행정사무감사의 대상

국가나 광역자치단체의 기관위임사무는 국정감사나 광역자치단체의 감사 대상이 되지만 고유사무는 그렇지 않다.

(2) 구분의 실태

지방자치단체에서 처리하는 사무를 구분할 현실적인 필요는 앞에서 본 바와 같으나 현실적으로 그 구분은 불명확하다. 구분이 불명확한 가장 큰 이유는 상당 기간 동안 지방자치가 정지되어 사무의 종류를 구별할 현실적인 필요가 없었기 때문이다. 그러나 지방자치가 실시됨에 따라 명확한 사무 구분은 시급히 해결되어야 할 과제이다.

제 8 절 | 사무배분의 문제점

1 중앙집권적 사무배분

지방이양추진위원회가 한국지방행정연구원과 한국행정연구원에 의뢰해서 2001년 3월부터 2002년 1월까지 10개월간 법령에 의한 사무를 조사한 결과 지방사무는 총 41,603개 중 11,363개(27.31%)로 나타났다. 1994년 총무

처가 조사한 결과에 의하면 지방사무가 총 15,774개 사무 중 4,030개(25%)로 나타났는데(총무처, 1994: 21), 그에 비해 2% 상향된 것으로 나타난 것이다.

사무배분 분야는 2002년 말 46.7%에서 2007년 말 49.4%로 2.7% 상승한 것으로 나타났다. 이는 기관위임사무 정비 등 국가·지방 간 사무배분 체계 개선의 근본적인 변화는 없었으나, 참여정부 이후 949건의 국가사무를 지방사무로 이양하는 등 부분적인 성과에 기인한 것으로 분석되었다(정부혁신지방분권위원회, 2008: 226-227).

이는 그 동안 정부에서 지속적으로 권한의 지방 이양을 추진해 온 결과로 보인다. 하지만 여전히 지방사무의 비중은 취약하다고 하지 않을 수 없다.

2 국가사무와 지방사무의 불명확

국가사무와 지방사무의 구별이 불명확하다. 지방자치법 제9조 ①에는 “지방자치단체는 그 관할 구역의 자치사무와 법령에 의하여 지방자치단체에 속하는 사무를 처리한다”고 규정하고 제9조 ②에서는 지방자치단체의 사무를 예시하고 “다만, 법률에 이와 다른 규정이 있는 경우에는 그러하지 아니하다”라고 규정하여 국가사무와 지방사무의 구별이 불명확하다.

3 사무배분의 불명확

1) 계층 간 사무배분의 불명확

단위사무를 시·도나 시·군·자치구 중에서 어느 한 계층에 전적으로 배분하지 않고, 두 계층에 동일한 사무를 배분하여 자치단체 간에 권한 다툼이나 책임 전가의 문제가 발생할 수 있다.

2) 단위사무의 계층 간 분할 배분

단위사무를 한 자치계층에 전적으로 배분하지 않고 이를 분할하여 동시에 시·도와 시·군·자치구에 배분하여 두 자치계층 간에 권한과 책임이 불분명한 문제가 발생할 수 있다.

4 자치단체의 특성 무시

인구 50만 이상의 시나 자치구에 대한 사무배분에서는 예외가 적용되고 있지만 지방자치단체의 행정적·재정적 능력, 산업구조의 특성, 인구 규모 등에 따른 특성을 반영하지 못하고 대체로 일괄적인 사무배분이 이루어지고 있다.

5 중앙정부 주도의 사무배분

지방자치단체의 계층별 사무배분에 대해서는 지방자치법 제10조 ①에 시·도와 시·군·자치구 간의 배분 기준에 대해 규정하고, 구체적인 기능 배분은 제10조 ②에서 "제1항의 배분 기준에 따른 지방자치단체의 종류별 사무는 대통령령으로 정한다"고 규정하고 있어서 중앙정부가 광역과 기초 간의 사무배분을 주도할 수 있게 되어 있다.

6 사무배분과 재정의 불일치

기관위임사무는 사무 처리에 소요되는 경비를 위임한 기관에서 전액 부담하는 것이 원칙이나 이를 이행하지 않는 경우가 있어 수임기관의 재정적 부담을 가중시킨다.

제 9 장 지방자치단체 상호간의 관계

- * 광역행정의 성격
  - 지방분권의 강화
  - 사무배분의 재편
  - 제도와 변화의 조화
- * 광역행정의 필요성
  - 생활권과 경제권의 확대
  - 규모의 경제의 요청
  - 행정 서비스의 평준화
  - 외부효과
- * 광역행정의 유형
  - 공동처리 방식
  - 연합 방식
  - 통합 방식
  - 특별구역 방식
- * 한국의 광역행정 유형
  - 사무위탁
  - 행정협의회
  - 지방자치단체조합
  - 지방자치단체장 등의 협의체
  - 기타 방식(지위 흡수, 구역 확장, 시·군 통합)

제 1 절 | 지방자치단체 간의 협력

지방자치단체는 독립적인 법인격을 가진 단체로서 지방자치단체 상호 간에는 원칙적으로 대등한 관계에 있다. 따라서 지방자치단체가 공공사무를 처리하는 과정에서 다른 지방자치단체와 협력해야 하는 경우가 있는가 하면 분쟁이 발생하는 경우도 있다.

지방자치단체는 자치계층에 따라 기초와 광역자치단체가 있다. 계층에 따라 주어진 사무를 처리한다. 그런데 기존의 자치단체의 경계를 넘어서 발생하는 문제를 처리해야 하는 상황이 발생한다. 이런 경우에 지방자치단체 간의 협력의 문제가 발생한다. 현행 지방자치법은 이에 따라 "지방자치단체는 다른 지방자치단체로부터 사무의 공동 처리에 관한 요청이나 사무 처리에 관한 협의·조정·승인 또는 지원의 요청이 있는 때에는 법령의 범위 안에서 이에 협력하여야 한다"(지방자치법 제147조)고 규정하고 있다. 이같이 지방자치단체의 관할 구역을 넘어서 발생하는 행정 수요를 처리하기 위해 등장하는 행정의 방식이 광역행정이다.

1 광역행정의 의의

지방행정은 지방자치단체의 관할 구역을 단위로 이루어진다. 그러나 오늘날의 행정 수요는 지방자치단체의 관할 구역을 넘어서도 발생한다. 지방자치단체의 관할 구역은 인위적으로 결정된 것이지만 행정 수요는 사회·경제적인 변화에 따라 관할 구역을 넘어서도 발생하기 때문이다. 이같이 광역행정은 지방자치단체의 관할 구역을 넘어서 발생하는 행정 수요를 처리하는 행정의 방식을 의미한다.

2 광역행정의 성격

1) 지방분권의 강화

광역행정은 기존 지방자치단체의 관할 구역을 넘어 발생하는 행정 수요를 처리하는 방식이다. 광역행정에 의하지 않고 행정 수요를 처리하기 위해서는 중앙정부나 상급자치단체로의 권한 이양에 의하지 않을 수 없다. 따라서 광역행정 방식은 중앙집권을 억제하고 지방분권의 강화에 기여한다.

2) 사무배분의 재편

사무배분은 중앙정부와 자치계층을 중심으로 이루어진다. 그런데 모든 자치단체에 관련되는 공통사무라면 중앙정부나 광역자치단체가 처리하면 되겠지만 그렇지 않고 일부 자치단체에만 관련되는 경우가 있을 수 있다. 이런 경우 관련 자치단체 간에 협력하여 처리하는 방식이 광역행정이다. 이러한 행정 방식이 도입되면 결과적으로 기존의 사무배분 실태에 영향을 미치게 된다.

3) 제도와 변화의 조화

지방자치단체의 구역 · 계층구조 · 사무배분 등은 법령이나 제도를 통해 이루어졌기 때문에 쉽게 변경이 불가능하다. 그러나 사회 · 경제적인 환경은 급격히 변화하여 양자간에 괴리가 발생한다. 광역행정은 변화에 신축적으로 적응하기 어려운 현실적인 제약을 해소하는 수단이 될 수 있다(加藤勝美, 1979: 444-447).

3 광역행정의 필요성

1) 생활권 · 경제권의 확대

교통과 통신의 발달에 따라 생활권과 경제권이 지방자치단체의 관할 구역을 넘어서 확대된다. 이에 따라 행정 수요도 광역적으로 발생하여 광역행정이 필요하게 된다.

특히 대도시와 주변 지역 간에는 광역적으로 처리되어야 할 것이 많다.

2) 규모의 경제 요청

행정 서비스를 최소의 비용으로 공급할 수 있는 최적 규모를 이룰 수 있는 지역적 범위가 있을 수 있다. 이같이 최적 규모를 이룰 수 있는 자치단체들이 공동으로 서비스를 공급한다면 규모의 경제(economy of scale)를 이룰 수 있다.

3) 행정 서비스의 평준화

지방자치단체 간의 재정력의 격차로 인해 자치단체에 따라 행정 서비스의 수준에도 격차가 발생한다. 이러한 격차를 해소하기 위해서는 재정력의 격차가 있는 자치단체를 동일한 서비스의 공급 단위를 개편하는 광역행정의 방식이 필요하다.

4) 외부효과

지방자치단체가 공급하는 행정 서비스에서 발생하는 이익이나 불이익이 자치단체의 관할 구역을 넘어서 확산되는 경우 이익에 따른 비용을 적정하게 분담시킬 수 있는 방법으로 광역행정의 방식이 필요하다.

4 광역행정의 유형

광역행정의 유형은 그 기준에 따라 다양하게 분류할 수 있다. 여기서는 광역행정의 유형을 방식의 강도에 따라 공동 처리, 연합, 통합 및 특별구역으로 나누어 보고자 한다(최창호, 2001: 225-233).

1) 공동 처리 방식

(1) 의의

둘 이상의 지방자치단체가 상호 협력 관계를 형성하여 광역적 사무를 공동으로 처리하는 방식이다.

(2) 특징

자치단체가 단독으로 처리할 수 없는 사무를 상호간의 협력을 통해 처리함으로써 사무 처리의 융통성을 거둘 수 있는 반면에 연대성이 약해서 이해 관계로 대립하는 경우에는 협력 관계가 유지되기 어려운 단점이 있다.

(3) 유형

- 협의회, 일부 사무조합, 공동기관, 사무위탁, 연락회의, 직원 파견

2) 연합 방식

(1) 의의

둘 이상의 자치단체가 독립적인 법인격은 유지하면서 단체(federation)를 새로 창설하여 광역적 사무를 처리하는 방식이다.

(2) 특징

이 방식은 협의회와 같은 공동 처리 방식의 취약성을 극복하고 연합체를 통한 사업주체성을 확보하기 위한 방식이다. 자치단체의 독자성은 유지하면서 연합체에 의해 사무를 처리한다는 점에서 공동 처리 방식과 구별된다. 이 방식의 문제점은 기존 자치단체를 통괄하는 강력한 조직이 되지 못한다는 점에 있다.

(3) 유형

- 자치단체연합체, 도시공동체, 복합사무조합

3) 통합 방식

(1) 의의

일정한 광역권 안에 여러 자치단체를 포괄하는 단일의 정부를 설립하여 광역적 사무를 처리하는 방식이다. 통합 방식은 광역사무에 관해 주도적으로 계획하고 집행한다는 점에서 앞에서 살펴본 연합 방식과 구별된다.

(2) 특징

통합 방식은 광역권 안의 여러 자치단체를 통합하여 광역사무를 능률적으로 처리하며 자원을 균형 있게 배분할 수 있는 장점이 있다. 그러나 자치단체의 개별적 특성이 무시되고 주민 참여가 곤란해질 수 있다.

(3) 유형

-합병, 흡수 통합, 전부 사무조합, 광역자치단체

4) 특별구역의 방식

특정한 광역적 사무를 처리하기 위해 자치구역과는 별도로 항만관리구, 하수처리구 등의 구역을 정하는 방식이다.

5 한국의 광역행정

우리나라의 광역행정은 자치단체의 지위 흡수, 시·군 통합 등 중앙정부 주도적인 방법 외에 지방자치단체 간 협력 방식의 활용은 매우 부진하다. 그 이유는 지방분권이 취약하고 지방자치의 역사가 짧기 때문이라고 생각된다.

1) 지방자치법상의 광역행정

(1) 사무위탁

지방자치단체 또는 그 장은 소관 사무의 일부를 다른

지방자치단체 또는 그 장에게 위탁하여 처리하게 할 수 있다. 이 경우 지방자치단체의 장은 사무위탁의 당사자가 시·도 또는 그 장인 경우에는 행정안전부 장관 및 관계 중앙행정기관의 장에게, 시·군 및 자치구 또는 그 장인 경우에는 시·도지사에게 이를 보고하여야 한다(지방자치법 제151조 ①).

(2) 행정협의회

지방자치단체는 2개 이상의 지방자치단체에 관련된 사무의 일부를 공동으로 처리하기 위하여 관계 지방자치단체 간의 행정협의회를 구성할 수 있다(지방자치법 제152조 ①). 현재 전국의 각 도시권에는 행정협의회가 구성되어 있고, 대도시권에는 대도시권 도시행정협의회가 구성되어 있다. 수도권에는 수도권 3개 시·도와 강원·충북이 참여하는 수도권행정협의회가 구성되어 있다.

(3) 지방자치단체조합

2개 이상의 지방자치단체가 하나 또는 둘 이상의 사무를 공동으로 처리할 필요가 있을 때에는 규약을 정하여 당해 지방의회의 의결을 거쳐 시·도는 행정안전부 장관의, 시·군은 시·도지사의 승인을 얻어 지방자치단체조합을 설립할 수 있다(지방자치법 제159조 ①). 지방자치단체조합이 설립된 예는 서울·인천·경기도가 1991년 11월 7일 설립한 수도권매립지운영관리조합을 들 수 있다. 그러나 이 조합은 2000년 7월 수도권매립지관리공사가 발족됨에 따라 공사 체제로 개편되었다.

＊수도권 교통본부

2003년 10월 2일 서울특별시·경기도 및 인천광역시가 대중교통 중심의 수도권 광역교통 체제를 구축하고 간선 급행버스·환승시설 사업을 효율적으로 추진하기 위해 수도권교통조합의 설치에 합의하고, 2005년 2월 4일 조합 설립의 승인을 받아 설립되었다. 조합회의의 구성은 서울 5명, 경기 5명, 인천 3명, 국토해양부 2명으로 구성되었다. 그 후 2007년 9월에는 수도권교통본부로 명칭이 변경되었다.

(4) 지방자치단체장 등의 협의체

지방자치단체장 또는 지방의회의장은 상호간의 교류와 협력을 증진하고, 공동의 문제를 협의하기 위하여 시·도지사, 시·도의회의 의장, 시장·군수·자치구의 구청장, 시·군·자치구의회의 의장에 의한 전국적인 협의체를 설립할 수 있다. 협의회를 설립한 때에는 당해 협의회의 대표자는 이를 지체없이 행정안전부 장관에게 신고하여야 한다(지방자치법 제165조 ①, ③).

2) 기타 방식

(1) 지위 흡수

1961년 9월에 공포된 '지방자치에 관한 임시조치법'에서 기초자치단체였던 읍과 면의 자치단체로서의 지위를 군이 흡수한 것이 그 예이다.

(2) 구역 확장

대도시권에서 발생하는 광역적 문제를 해결하기 위해 주변 지역을 대도시에 편입하는 방식이다. 서울특별시와 광역시는 대체로 구역 확장을 통해 광역적 문제를 해결해 왔다.

(3) 시 · 군 통합

농촌 지역에서 분리된 시가 주변의 군 지역과 공존하지 못하고 오히려 시 · 군 간의 대립으로 인해 행정의 비능률을 초래했고, 지역 간의 격차가 심해지는 부작용이 발생하여 추진된 것이 도시와 농촌 간의 자치구역 통합이다.

*** 자치단체 간의 협력 사례**

경기도 동부 지역의 5개 시 · 군(이천시, 광주시, 하남시, 여주군, 양평군)에서 나오는 쓰레기를 한데 모아 처리하는 대규모 광역소각장 설치를 위해 해당 자치단체와 주민들은 5년에 걸쳐 논의한 끝에 2005년 5월 원만한 합의에 이르렀다. 건립비용(828억)의 75%는 국비와 도비로, 나머지 추가 비용은 건립 부지를 제공하는 이천시를 제외한 4개 시 · 군이 공동 부담하기로 했다 (중앙일보, 2005. 5. 4).

제 2 절 | 지방자치단체 간의 분쟁

- * 지역이기주의의 특징
  - 심각성
  - 복잡성
  - 불확실성
  - 해결 곤란성
- * 지역이기주의의 유형
  - 혐오적 이기주의
  - 선호적 이기주의
- * 지역이기주의의 원인
  - 행정환경적 원인
  - 행정 체제적 원인
- * 지자체 간 분쟁 원인
  - 지방자치의 실시
  - 광역적 사무의 증가
  - 지역이기주의
- * 지자체 간 분쟁 유형
  - 분쟁 주체에 의한 분류-국가와 지자체, 지자체 상호간
  - 분쟁 내용에 의한 분류-권한분쟁, 이익분쟁
  - 분쟁 원인에 의한 분류-유치분쟁, 기피분쟁
- * 분쟁조정 제도
  - 미국 - ADR(Alternative Dispute Resolution)
  - 일본 - 자치분쟁처리위원(일본 지방자치법 제251조)
  - 한국
    - 감독기관(행정안전부 장관, 광역자치단체장)의 분쟁 조정
    - 지방자치단체 분쟁조정위원회
      - 중앙분쟁조정위원회
      - 지방분쟁조정위원회

- 환경분쟁조정위원회
  - 중앙환경분쟁조정위원회
  - 지방환경분쟁조정위원회
- 헌법재판소

1 지역이기주의

1) 지역이기주의의 개념

국가 전체 또는 사회 공동의 이익보다는 자기 지역의 이익을 우선시하는 지역 주민 또는 자치단체의 성향을 말한다.

어떤 지역이 지역의 특수성에 입각하여 주민의 애향심을 토대로 지역 발전을 도모하는 것을 지역주의라고 한다면, 지역이기주의는 전체나 공동의 이익보다는 그 지역의 이익만을 배타적으로 주장하는 것이라 할 수 있다(최창호, 2001: 718).

2) 지역이기주의의 특징

지역이기주의가 최근에 주요 사회문제로 부각된 근본 원인은 다음과 같다(김홍식, 1993: 25-35).

(1) 심각성

지역이기주의는 국가적으로나 지역적으로 꼭 필요한

공공시설의 건설에 막대한 지장을 주고 있기 때문에 심각한 사회문제로 여겨지는 것이다. 지역이기주의는 정부와 주민, 중앙정부와 지방정부 그리고 지방정부 상호간에 갈등 및 분규를 증폭시키고 있고, 시위 점거 농성 등의 물리적 행위를 동반한 집단행동을 만연시키고 있어서 심각한 사회문제로 받아들여지고 있다.

(2) 복잡성

지역이기주의의 복잡성은 그 원인이 다양하고 이질적이기 때문이다. 지역이기주의의 원인에 대해서는 입지선정의 부당함, 정부의 보상 미흡, 정부에 대한 불신, 밀실행정, 주민들의 이기심, 주민들의 감정적 평가 등으로 매우 다양하다.

(3) 불확실성

지역이기주의는 불확실성에 의해 심화된다. 혐오시설이 인간의 건강에 얼마나 영향을 미치는가에 대한 정확한 정보나 과학적 근거가 없기 때문에 지역이기주의가 심화되는 것이다. 전문가들의 견해도 일치하지 않지만 혐오시설을 관리하는 능력 또한 불확실하기 때문이다.

(4) 해결 곤란성

지역이기주의는 이해 당사자가 다양하고 원인도 다원적이고 이질적인 상황에서 전개되기 때문에 문제의 해결이 곤란하다. 또한 미래의 상황을 정확히 예측할 수 없다는 불확실성에 대한 예비적 우려에서 야기되는 경우가 많아 해결이 곤란하다.

3) 지역이기주의의 유형

(1) 혐오적 지역이기주의(NIMBY)

지방자치단체 또는 지방 주민들이 그 지역 내의 일정한 시설의 설치, 계획의 추진 등에 대해 반대하는 지역이기주의이다. 핵폐기물처리장 건설, 부랑인 수용시설 건설 등을 반대하는 것이 이러한 예에 해당한다.

(2) 선호적 지역이기주의(PIMFY)

선호시설이나 계획을 자기 지역에 유치하려는 지역이기주의이다. 종합전시장과 같은 특정 시설을 자기 지역에 유치하려고 하거나 고속철도의 노선이 자기 지역을 통과하도록 하려는 것 등이 이에 해당한다.

4) 지역이기주의의 원인

(1) 행정환경적 원인

① 주민의 권리 의식 향상

민주화의 결과로 군사정권 시절에는 반발 없이 추진되던 국책사업에 대해 권리 의식이 향상됨에 따라 상상할 수 없는 적극적 주장이나 운동이 나타나게 되었다.

② 지방자치의 실시

지방자치의 실시에 따라 지방의회가 구성되고 민선단

체장이 등장함에 따라 주민의 입장이나 의견을 적극 대변하지 않을 수 없게 되었다.

③ 공동체 의식의 취약

공동체 의식이 미약하여 전체의 이익보다는 특정 지역의 이익만을 우선시하는 배타주의가 팽배하게 되었다.

④ 보상 수준의 미흡

혐오시설의 입지는 해당 지역에는 부정적 효과가 발생하고 다른 지역을 위해 특별한 손실을 입게 된다. 따라서 적정한 보상이 없이는 당연히 지역이기주의적 주장이 제기된다.

(2) 행정 체제적 원인

① 갈등조정 활동의 저조

정부 간 갈등이나 정부와 주민 간의 갈등을 조정하는 정부의 활동이 저조한 경우 지역이기주의는 더욱 심화된다. 현재는 자치단체 간 분쟁조정위원회가 있을 뿐이다.

② 행정절차상의 과오

혐오시설의 입지 선정과 같은 행정 과정에서 해당 지역의 주민이나 자치단체가 참여하여 의견을 반영하지 못하고 폐쇄적으로 결정된 경우에는 해당 지역의 반발이 심화될 가능성이 높다.

③ 행정에 대한 불신

행정에 대한 불신이 반복되면 정부가 발표한 자료나

정보를 불신하고 사업이나 계획에 대한 반대가 심화된다.

④ 환경에 대한 관심의 고조

환경에 대한 관심이 높아짐에 따라 환경오염을 야기할 수 있는 혐오시설에 대한 반대가 심화되었다.

5) 지역이기주의의 극복 방안

(1) 행정환경적 원인

① 공동체 의식의 함양

해당 지역이나 집단의 이익만을 우선시하지 않고 사회 전체적인 이익도 고려할 줄 아는 공동체 의식을 함양할 수 있는 교육 프로그램의 도입이 필요하다.

② 적정한 보상

혐오시설의 입지는 해당 지역에는 부정적 효과가 발생하고 다른 지역을 위해 특별한 손실을 입게 되므로 불이익에 대해서는 적정한 보상이 필요하다.

(2) 행정 체제적 원인

① 갈등 조정기구의 설치

자치단체 간의 갈등을 조정하기 위한 분쟁조정위원회 외에 주민과 정부 간의 갈등을 중재 조정할 수 있는 독립성이 보장된 조정기구가 필요하다.

② 이해 당사자의 참여 보장

혐오시설의 입지 선정과 같은 행정 과정에서 해당 지역의 주민이나 자치단체가 참여하여 의견을 반영할 수 있는 기회를 충분히 부여할 필요가 있다.

③ 행정에 대한 신뢰의 회복

행정에 대한 불신은 갈등의 해결을 더욱 곤란하게 하므로 행정에 대한 신뢰를 회복해서 불필요한 대립을 방지해야 한다.

2 지방자치단체 간 분쟁 조정

1) 지방자치단체 간 분쟁의 개념

지방자치단체 간에 권한이나 이해 관계가 대립하여 한 자치단체의 목표 성취가 다른 자치단체의 목표 성취와 공존할 수 없는 상태를 말한다.

2) 지방자치단체 간 분쟁의 원인

지방자치의 실시에 따라 더욱 심화되고 있는 자치단체 간 분쟁의 원인은 다음과 같이 요약해 볼 수 있다.

(1) 지방자치의 실시

지방자치가 실시됨에 따라 지방행정이 자치구역을 단위로 이루어지고 민선단체장이 등장하여 지역의 입장과 이익을 좀 더 적극적으로 주장하게 되어 다른 자치단체나 국가와의 분쟁이 발생하게 되었다.

(2) **광역적 사무의 증가**

생활권과 경제권의 확대에 따라 발생하는 광역적 사무를 처리하기 위해 자치단체 간 공동 의사결정의 필요성이 증가하고 이 과정에서 다른 자치단체 간의 분쟁이 발생한다.

(3) **지역이기주의**

지방자치의 실시에 따라 공동의 이익보다는 자기 지역의 이익을 우선시하는 지역이기주의 현상이 다양한 형태로 표출되어 자치단체 간의 분쟁이 발생한다.

3) 지방자치단체 간 분쟁의 유형

분쟁을 유형화하는 것은 분쟁의 본질을 명확하게 분석·평가하고 구체적으로 특정의 분쟁을 해결하기 위한 방안을 모색하는 데 가장 적합한 해결 방안을 모색하기 위해 필요하다. 유형화는 분류 기준에 따라 여러 가지로 나뉠 수 있으나 여기서는 몇 가지 기준에 의해서만 살펴보고자 한다(김영수, 1994: 11-20).

(1) **분쟁 주체에 의한 분류**

① 국가와 지방자치단체 간

국가와 지방자치단체 간의 분쟁은 국가와 광역자치단체 및 기초자치단체 간의 분쟁으로 나눌 수 있다.

② 지방자치단체 상호간 분쟁

지방자치단체 상호간의 분쟁은 광역과 기초 간, 광역 상호간 및 기초 상호간의 분쟁으로 나눌 수 있다.

(2) 분쟁 내용에 의한 분류

① 권한분쟁

특정 지방자치단체의 처분 또는 부작위가 헌법 또는 법률에 의해 부여받은 다른 지방자치단체의 권한을 침해했거나 침해할 현저한 위험이 있는 경우에 지방자치단체 간에 발생하는 분쟁을 의미한다.

② 이익분쟁

지방자치단체가 국가 전체적인 이익보다는 당해 자치단체의 이익을 추구하여 자치단체 간에 이해 관계가 상충하는 분쟁을 의미한다.

(3) 분쟁 원인에 의한 분류

① 유치분쟁(PIMFY)

지방자치단체가 자기 지역에 이익이 되는 조치 혹은 정책 및 시설을 당해 지역으로 유치하는 과정에서 발생하는 지방자치단체 간의 분쟁을 의미한다.

② 기피분쟁(NIMBY)

지방자치단체가 자기 지역에 불이익이 되는 조치 혹은 정책 및 시설이 당해 지역에 입지하는 것을 회피하는 과정에서 발생하는 지방자치단체 간의 분쟁을 말한다.

4) 지방자치단체 간 분쟁조정제도

(1) 분쟁조정제도의 의의

분쟁조정제도란 지방자치단체 간에 발생한 분쟁에 대해 제3자의 개입에 의한 객관적인 분쟁 해결을 의미한다.

(2) 외국의 분쟁조정제도

선진국의 경우 지방자치단체 간의 분쟁은 대부분 사회적인 문제로 비화하지 않도록 사전적 조정으로 해결하고 있다. 자치단체 간의 분쟁이 계속되는 경우에는 전문적 분쟁 조정기구를 통해 사후적 조정을 하는데 그 중 대표적인 것은 다음과 같다(김영수, 1994: 93-135).

① 미국의 ADR(Alternative Dispute Resolution)

미국에서는 분쟁을 법원의 소송에 의하지 않고 중립적 제3자가 최종적으로 해결하게 하는 ADR(대체적 분쟁해결)를 채택하고 있는 경우가 많다.

② 일본의 자치분쟁조정제도

일본의 광역자치단체 간 분쟁은 총무대신이 기초자치단체 간의 분쟁은 광역자치단체의 지사가 당사자의 신청이나 직권에 의해 조정에 회부할 수 있다 (일본 지방자치법 제251조의 2). 자치분쟁처리위원은 3명으로 뛰어난 식견이 있는 사람 중에서, 총무대신 또는 도도부현 지사가 각각 임명한다(일본 지방자치법 제251조).

(3) 한국의 분쟁조정제도

① 감독기관의 분쟁 조정

지방자치단체 상호간 또는 지방자치단체장 상호간에 분쟁이 있을 때에는 시 · 도 또는 그 장이 당사자인 때에는 행정안전부 장관이, 시 · 군 · 자치구 또는 그 장이 당사자인 때에는 시 · 도지사가 당사자의 신청에 의해 이를 조정할 수 있다. 다만 , 분쟁이 공익을 현저히 저해하여 조속한 조정이 필요하다고 인정되는 경우에는 당사자의 신청이 없는 때에도 직권으로 이를 조정할 수 있다(지방자치법 제148조 ①). 행정안전부 장관 또는 시 · 도지사가 분쟁을 조정하고자 할 때는 관계 중앙행정기관의 장과 협의를 거쳐 지방자치단체분쟁조정위원회의 의결에 따라 조정하여야 한다(지방자치법 제148조 ③).

② 지방자치단체 분쟁조정위원회

지방자치단체 간의 분쟁 조정과 행정협의회 협의 사항의 조정에 필요한 사항을 심의 · 의결하기 위하여 행정안전부에 지방자치단체 중앙분쟁조정위원회와 시 · 도에 지방자치단체 지방분쟁조정위원회를 둔다(지방자치법 제149조 ①). 이 위원회는 분쟁에 관한 최종적 결정을 할 수 있는 기관이 아니고 행정안전부 장관 또는 시 · 도지사가 조정을 하는 데 따라야 할 의결을 할 수 있는 심의 · 의결기관이다.

③ 환경분쟁조정위원회

환경오염에 따른 분쟁의 조정을 위해 환경부에 중앙환경분쟁조정위원회를, 시·도에는 지방환경분쟁조정위원회를 둔다(환경분쟁조정법 제4조). 환경분쟁조정위원회는 알선, 조정 및 재정을 한다. 환경분쟁조정위원회는 중대한 환경 피해가 발생하여 이를 방치하면 사회적으로 중대한 영향을 미칠 우려가 있다고 인정되는 경우의 분쟁으로서 대통령령이 정하는 분쟁에 대해서는 당사자의 신청이 없는 경우에도 직권으로 조정 절차를 개시할 수 있다(환경분쟁조정법 제30조).

④ 헌법재판소

헌법재판소는 지방자치단체 상호간의 권한 쟁의에 관한 심판을 관장한다(헌법 제111조 ①의 4). 지방자치단체 상호간에 권한과 의무의 존재 여부 또는 범위·내용에 관해 분쟁이 발생한 경우에는 헌법재판소가 이를 해석·심판하여 분쟁을 해결하고 있다(헌법재판소법 제62조).

제10장 지방자치단체와 중앙정부

- * 정부간 관계의 유형(Wright)
  - 분리모형 – 상호 대등한 입장으로 협력의 필요성을 크게 느끼지 않음
  - 포괄모형 – 중앙정부에 전적으로 의존하는 수직적 관계
  - 중첩모형 – 상호 독자성을 유지하며 기능적으로 상호 의존

- * 중앙통제
  - 입법부에 의한 통제
    - 법적 통제
    - 예산안에 대한 심의 의결
    - 국정감사 및 조사
  - 사법부에 의한 통제
    - 행정소송
    - 재의결 사항에 대한 소송
    - 명령 · 규칙 · 처분에 대한 심사
  -
    - 행정입법
    - 지방자치단체 사무에 대한 지도 및 지원
    - 국가사무처리의 지도 · 감독

- 행정부에 의한 통제
  - 행정 전반에 대한 통제
    - 위법 · 부당한 명령 · 처분의 시정
    - 지방자치단체장에 대한 직무이행명령
    - 자치사무에 대한 감사
    - 지방의회 의결에 대한 재의 요구
    - 법령 위반 조례안 공포시 직접 제소, 집행정지 결정 신청
    - 주민투표의 실시 요구
  - 인사에 대한 통제
    - 행정부지사 및 부시장 임명
    - 부시장 · 부군수 · 부구청장의 직급 결정 - 대통령령
    - 지방공무원의 정원은 인건비 등 대통령령의 기준
    - 지방자치단체의 국가공무원
  - 재정에 대한 통제
    - 국고보조금
    - 지방채 발행 한도 - 대통령령
    - 외채 및 한도 초과 지방채 발행시 행정안전부 장관 승인
    - 예산편성 기준 및 예산과목 구분과 설정 규정 - 부령
- 감사원에 의한 통제
  - 회계검사
  - 직무감찰

제1절 | 정부간 관계의 유형

중앙정부와 지방정부 간의 관계는 각국의 정치적 전통에 따라 다양하다. 민주주의와 지방자치의 전통이 강한 나라일수록 중앙정부와 지방정부의 관계가 상호 대등한 동반자적 관계를 유지하고, 그렇지 않을수록 수직적 상하의 관계를 유지한다. 우리나라의 경우 지방자치가 실시되기 이전에는 중앙과 지방의 관계가 수직적 상하의 관계에 있었다고 할 수 있으나 지방자치가 실시됨에 따라 점차 중앙정부에 대한 지방정부의 지위가 점차 강화되는 추세에 있다.

학자에 따라 다양하게 정부간 관계의 유형을 분류했다. 하지만 이러한 분류는 모형의 명칭이 다르긴 하지만 결국 중앙정부와 지방정부 간의 관계가 상호 독립적인지, 상호 의존적인지 아니면 종속적인지의 차이에 불과하다. 라이트(Deil S. Wright)는 정부간 관계를 세 가지 유형으로 나누고 지방정부의 사무 구성, 중앙과 지방 간의 관계의 차이를 밝히고 있다 (Wright, 1988: 39-52). 여기서는 라이트의 분류를 중심으로 설명하고자 한다. 라이트의 유형 분류는 연방제도를 전제로 한 것이지만 이를 중앙정부와 지방정부 간의 관계에 적용해서 고찰해 볼 수도 있기 때문이다.

1 분리형

분리형(seperated authority model)은 중앙정부와 지방정부가 상호 대등한 입장에 있는 경우이다. 지방정부의 자치권은 지방의 고유 권리로서 중앙정부에 의해 축소될 수 없으며, 양자간의 관계는 상호 독립적이다. 지방정부의 사무는 고유사무가 대부분이므로 중앙정부와 상호 협력의 필요성을 크게 느끼지 않는다.

2 포괄형

포괄형(inclusive authority model)은 지방정부가 중앙정부에 전적으로 의존하는 수직적인 관계로 지방정부의 자치권이 극히 제한되어 있어서 고유사무의 비율이 매우 낮다. 특히 기관위임사무가 대부분으로 중앙정부의 지시와 감독을 강하게 받는다.

3 중첩형

중첩형(overlapping authority model)은 중앙정부와 지방정부가 상호 독자성을 유지하며 기능적으로 상호 의존 관계에 있는 경우이다. 지방정부의 사무는 고유사무의 비중이 크고, 위임사무에서도 단체위임사무의 비중이 크다. 중앙정부는 상대적으로 우월한 재정력과 정보를 통해 지방정부를 지원하고, 지방정부는 중앙정부의 사무처리에 협력한다.

이상의 세 유형을 통해 살펴보면 우리나라 정부간 관계의 유형은 지방자치의 실시에 따라 수직적인 포괄형에서 상호 의존적인 중첩형으로 변화하는 추세에 있다.

제 2 절 | 중앙통제

1 의 의

지방자치단체는 국가의 한 부분으로 존재하므로 중앙정부와 분리해서 존재할 수 없다. 따라서 중앙정부는 국가 전체의 균형적 발전을 위해 지방자치단체에 대해 지원과 통제를 행할 필요가 제기되는 것이다. 중앙통제는 중앙정부의 지방자치단체에 대한 통제를 의미한다. 중앙통제는 지방자치단체의 자치권 내지 독자성을 가능한 한 존중하면서 국가 전체의 균형을 확보하는 분권과 집권의 공존 및 조화를 지향하는 것이다.

2 목 적

1) 국가적 통일성의 유지

지방행정 서비스의 질적 수준은 지방 재정력에 의존한다. 그런데 지방자치단체 간의 재정력의 격차로 인해 자치단체별로 복지 수준, 교육 수준, 보건·위생 수준의 격차가 발생할 수 있다. 그런데 모든 자치단체가 반드시 제공해야 할 국민적 최저 수준(national minimum)을 충족시키기 위해서는 중앙정부의 통제가 필요하다.

2) 국가 이익과 지역적 이익 간의 조정

국가 전체적으로 필요한 발전소, 군사시설, 공항, 철도 등의 건설에 대해 지방자치단체가 지역이기주의에 따라 반대하는 경우 중앙정부는 국가 전체적인 이익과 지방의 이익에 대한 조정을 통해 국책사업을 추진할 필요가 있다.

3) 지역 간 불균형 해소

각 지방의 부존자원이나 입지 조건이 다양하므로 지역 간의 발전 정도의 격차는 불가피하다. 따라서 중앙정부가 국가 전체의 균형적 발전을 위해 낙후된 지역에 대한 재정적·행정적 지원을 기울이지 않으면 지역 간의 격차는 더욱 심화된다.

3 중앙통제의 유형

1) 입법부에 의한 통제

(1) 법적 통제

입법부는 아래와 같이 헌법, 지방자치법 및 기타 법률을 통해 지방자치단체를 법적으로 통제한다.

(2) 예산안에 대한 심의 의결

지방재정이나 지방사업 관련 예산안에 대한 심의·의결을 통해 지방자치단체를 통제할 수 있다.

(3) 국정감사 및 조사

위임사무의 처리 실태에 대한 국정감사 및 조사를 통해 지방자치단체를 통제할 수 있다.

2) 사법부에 의한 통제

(1) 행정소송

지방자치단체가 위법한 행정으로 주민의 권리를 침해한 경우 법원은 주민이나 국가의 제소에 의해 지방행정의 위법성을 통제한다.

(2) 재의결 사항에 대한 제소(지방자치법 제172조④)

주무부 장관 또는 시·도지사는 재의결된 사항이 법령에 위반된다고 판단됨에도 당해 지방자치단체장이 소

(訴)를 제기하지 아니하는 때에는 당해 지방자치단체장에게 제소를 지시하거나 직접 제소 또는 집행정지 결정을 신청할 수 있다.

(3) **명령 · 규칙 · 처분에 대한 심사**(헌법 제107조 ②)

명령 · 규칙 또는 처분이 헌법이나 법률에 위반되는지의 여부가 재판의 전제가 된 경우에 대법원은 이를 최종적으로 심사할 권한을 갖는다.

3) 행정부에 의한 통제

(1) **행정 전반에 관한 통제**

① 행정입법

지방자치법 제22조—지방자치단체는 법령의 범위 내에서 그 사무에 관한 조례를 제정할 수 있다.

지방자치법 제23조—지방자치단체장은 법령 또는 조례가 위임한 범위 안에서 그 권한에 속하는 사무에 관하여 규칙을 제정할 수 있다.

② 지방자치단체의 사무에 대한 지도 및 지원(지방자치법 제166조 ①)

중앙행정기관의 장 또는 시 · 도지사는 지방자치단체의 사무에 관하여 조언 또는 권고하거나 지도할 수 있으며, 이를 위하여 필요한 때에는 지방자치단체에 대하여 자료의 제출을 요구할 수 있다.

③ 국가사무 처리의 지도 · 감독(지방자치법 제167조 ①)

지방자치단체 또는 그 장이 위임받아 처리하는 국가사무에 관하여는 시 · 도 에 있어서는 주무부 장관의, 시 · 군 및 자치구에 있어서는 1차로 시 · 도지사 의, 2차로 주무부 장관의 지도 · 감독을 받는다.

④ 위법 · 부당한 명령 · 처분의 시정(지방자치법 제169조 ①)

지방자치단체의 사무에 관한 장의 명령이나 처분이 법령에 위반되거나 현저히 부당하여 공익을 해한다고 인정될 때에는 시 · 도에 대하여는 주무부 장관이 시 · 군 및 자치구에 대하여는 시 · 도지사가 기간을 정하여 서면으로 시정을 명하고 그 기간 내에 이행하지 아니할 때에는 이를 취소하거나 정지할 수 있다.

⑤ 지방자치단체장에 대한 직무이행명령(지방자치법 제170조 ①)

지방자치단체장이 법령상 의무인 국가위임사무나 시 · 도위임사무의 관리 및 집행을 명백히 해태한다고 인정되는 때에는 시 · 도에 대해서는 주무부 장관이, 시 · 군 및 자치구에 대해서는 시 · 도지사가 기간을 정하여 서면으로 이행할 사항을 명령할 수 있다.

＊교육과학기술부의 경기도 교육감에 대한 직무이행명령

교육과학기술부는 10일 시국 선언 교사에 대한 징계를 미루고 있는 김상곤 경기도교육감을 검찰에 고발했다고 밝혔다.

교과부는 "시국 선언에 참여한 전교조 교사 15명을 12월 2일까지 징계위원회에 회부하라고 김 교육감에게 직무이행 명령을 내렸으나, 12월 3일까지 이를 시행하지 않아 직무 유기 혐의 등으로 고발했다"고 설명했다. 교과부가 현직 교육감을 직무 유기 혐의로 수사기관에 고발한 것은 이번이 처음이다(동아일보, 2009. 12. 11).

⑥ 지방자치단체의 자치사무에 대한 감사(지방자치법 제171조)

행정안전부 장관 또는 시·도지사는 지방자치단체의 자치사무에 관하여 보고를 받거나 서류·장부 또는 회계를 감사할 수 있다. 이 경우 감사는 법령 위반 사항에 한하여 실시한다.

⑦ 지방의회 의결에 대한 재의 요구(지방자치법 제172조 ①)

지방의회의 의결이 법령에 위반되거나 공익을 현저히 해한다고 판단될 때에 는 시·도에 대하여는 행정안전부 장관이, 시·군 및 자치구에 대하여는 시· 도지사가 재의를 요구할 수 있다.

⑧ 법령에 위반된 조례안 공포 시 직접 제소 및 직행 정지 결정 신청

주무부 장관이나 시·도지사는 지방의회의 의결이 법령에 위반된다고 판단되어 주무부 장관이나 시·도지사로부터 재의 요구 지시를 받은 지방자치단체의 장이 재

의를 요구하지 아니하는 경우와 법령에 위반되는 지방의회의 의결 사항이 조례안인 경우로서 재의 요구 지시를 받기 전에 그 조례안을 공포한 경우에는 단체장이 이송받은 날로부터 20일이 지난날부터 7일 이내에 대법원에 직접 제소 및 집행정지 결정을 신청할 수 있다(지방자치법 제172조 ⑦).

⑨ 자치구가 아닌 구와 읍·면·동의 폐치 분합 시 사전 승인

자치구가 아닌 구와 읍·면·동의 명칭과 구역은 종전에 의하고, 이를 폐지하거나 설치하거나 나누거나 합칠 때에는 행정안전부 장관의 승인을 얻어 당해 지방 자치단체의 조례로 정한다(지방자치법 제4조의 2①).

⑩ 주민투표의 실시 요구

중앙행정기관의 장은 지방자치단체의 폐치(廢置)·분합(分合) 또는 구역 변경, 주요 시설의 설치 등 국가정책의 수립에 관하여 주민의 의견을 듣기 위하여 필요하다고 인정하는 때에는 주민투표의 실시구역을 정하여 관계 지방자치단체의 장에게 주민투표의 실시를 요구할 수 있다. 이 경우 중앙행정기관의 장은 미리 행정안전부 장관과 협의하여야 한다(주민투표법 제8조 ①).

(2) 인사에 대한 통제

① 행정부지사 및 부시장(지방자치법 제110조 ②)

특별시와 광역시의 부시장, 도와 특별자치도의 부지사

는 정무직 또는 일반직 국가공무원으로 보하며 직급은 대통령령으로 정한다.

② 부시장, 부군수, 부구청장(지방자치법 제111조 ④)

시의 부시장, 군의 부군수, 자치구의 부구청장은 일반직 지방공무원으로 보하되, 그 직급은 대통령령으로 정한다.

③ 지방공무원 정원(지방자치법 제112조 ②)

지방자치단체의 지방공무원 정원은 인건비 등 대통령령이 정한 기준에 따라 당해 지방자치단체의 조례로 정한다.

④ 지방자치단체의 국가공무원(지방자치법 제112조 ⑥)

지방자치단체의 국가공무원은 5급 이상의 국가공무원이나 고위공무원단에 속하는 공무원은 해당 지방자치단체장의 제청으로 소속 장관을 거쳐 대통령이 임명하고, 6급 이하는 당해 지방자치단체장의 제청으로 소속 장관이 임명한다.

(3) 재정에 대한 통제

① 국고보조금

국고보조금은 용도가 결정되어 있어서 지방자치단체가 사용 목적을 변경할 수 없을 뿐 아니라 국가가 사업 추진 전반을 통제한다.

② 지방채의 발행

지방재정법은 제11조 제2항에서 지방자치단체가 지방채를 발행하고자 하는 경우에는 재정 상황 및 채무 규모 등을 고려하여 대통령령이 정하는 지방채 발행한도액의 범위 안에서 지방의회의 의결을 얻어야 한다.

③ 예산편성 기준과 예산과목 구분과 설정 규정

행정자치부는 당초 계획대로 2005년도부터 지방자치단체 예산편성 기본지침을 폐지하여 지방자치단체의 재정적 자율성을 확대했다. 그러나 지방재정법 제38조(지방자치단체 재정운영업무편람 등) 제2항에서 지방재정의 건전한 운용과 지방자치단체 간 재정 운용의 균형을 확보하기 위해 필요한 회계연도별 지방자치단체 예산편성 기준은 행정자치부령으로 정한다고 규정하고 있다. 또한 중앙정부와 지방자치단체 간 통계분석의 연계 및 국제기준을 반영하기 위해 예산과목 구조의 구분과 설정 기준을 제시하여 지방자치 단체 세입·세출예산 과목 구분과 설정 규정(행정자치부 훈령 제117호, 2004. 7. 30)을 발령했다.

4) 감사원에 의한 통제

(1) 회계검사

지방자치단체의 회계와 지방자치단체가 자본금 1/2 이상을 출자한 법인의 회계에 대한 필요적 검사와 선택적

검사를 하고, 회계 관계 공무원 등에 대한 변상 책임 판정과 징계 · 문책 처분 · 해임 등을 통해 회계검사 결과에 대한 처리를 한다.

(2) 직무감찰

감사 결과 위법 · 부당한 사실이 인정될 때 소속 장관 · 감독기관의 장 또는 해당 자치단체장에게 시정 · 주의 등을 요구하고, 제도상 · 행정상의 모순이나 개선 사항이 인정될 때 소속 장관 · 감독기관장 또는 자치단체장에게 제도상 · 행정상의 개선을 요구할 수 있다.

4 중앙통제의 한계

통일국가에서 지방자치단체의 자치권 행사가 국가 전체의 통일성을 저해해서는 안 되기 때문에 자치단체의 독자성과 국가 전체의 통일성의 조화를 위해 국가의 지도와 감독이 허용된다. 따라서 지방자치단체는 국가로부터 통제를 받되, 그 통제는 다음과 같은 조건 하에서만 행사될 수 있다.

1) 국가 전체의 통일성 유지를 위해 필요한 경우
2) 지방자치단체의 헌정상의 지위(독자성)를 저해하지 않는 범위
3) 명백한 법적 근거

4) 일정한 법적 절차의 준수

결국 중앙통제는 국가 전체의 통일성의 유지와 지방자치단체의 자치권 보장이라는 두 가지 필요성 간의 적절한 조화를 한계로 행해져야 하는 것이라 할 수 있다. 그러나 중앙통제의 실질적 한계는 각국이 처한 시대적 상황이나 이데올로기에 따라 다양할 수밖에 없다(최창호, 2001: 758).

5 중앙통제의 방향

1) 지식과 기술의 지원

중앙정부는 지방자치단체가 보유하지 못한 지식과 기술을 지원하고 정보를 제공하여 행정 능력을 향상시켜야 한다.

2) 국민적 최저 수준의 유지

국민적 최저 수준의 제공을 위해 지방자치단체에 대해 적정한 행정적·재정적 지원을 해야 한다.

3) 재정적 지원

국가의 균형적 발전을 위해 재정적 지원을 통해 재정적 격차를 완화시켜야 한다.

4) 전국적 · 종합적 계획을 위한 협력 확보

국토 개발, 전염병 예방, 실업 대책, 생활 보호 등 전국적 · 종합적 정책 수립이 요구되는 경우 중앙정부와 지방정부는 상호 동반자 관계에서 협력해야 한다.

5) 수평적 대등 관계

중앙정부와 지방자치단체는 정부는 수직적 상하 관계가 아니라 공적 기능을 분담하여 수행하는 수평적 관계를 유지해야 한다.

제11장 지방재정

* 지방재정의 기능
  - 자원배분 기능
  - 소득재분배 기능
  - 경제안정화 기능

* 지방재정 운영의 원칙
  - 수지 균형의 원칙
  - 재정구조 탄력성 확보의 원칙
  - 재정 운영 효율화의 원칙
  - 국가정책 준수의 원칙
  - 재정질서 유지의 원칙
  - 장기적 재정 안정의 원칙

* 지방재정과 국가관여
  - 재원 부여권
  - 재정적 격차 해소
  - 국민적 최저 수준 유지
  - 국가재정의 일부분

* 지방재정력 -

$$\text{지방재정자립도}(\%) = \frac{\text{자체수입(지방세 + 세외수입)}}{\text{자치단체 예산 규모}} \times 100$$

· 지방세: 보통세 + 목적세(지방교육세 제외)

· 세외수입: 경상적 세외수입 + 임시적 세외수입

· 자치단체 예산 규모: 지방세(지방교육세 제외) + 세외수입 + 지방교부세 + 조정교부금 및 재정보전금 + 보조금 + 지방채 및 예치금 회수

지방재정자주도(%) =

$$\frac{\text{자체수입(지방세 + 세외수입)} + \text{자주재원(지방교부세 + 조정교부금 + 재정보전금)}}{\text{자치단체 예산 규모}} \times 100$$

재정력 지수 = 기준재정수입액 / 기준재정수요액

· 기준재정수요액 - 지방자치단체가 기본적 기능을 수행하는 데 필요한 재정

· 기준재정수입액 - 지방자치단체의 기본적 수입액 (보통세 수입의 80%)

* 지방재정조정제도

지방재정조정의 기능
- 재정적 불균형의 시정
- 최소 행정 수준의 재원 보장
- 국가적 사업에 대한 장려와 조장
- 재난대책 등에 대한 보조

지방재정조정의 유형
- 수직적 재정조정
- 수평적 재정조정

제1절 | 지방재정의 의의

1 지방재정의 개념

지방자치단체는 자치권의 하나로서 자치재정권을 가지고 있다. 따라서 지방재정은 자치재정권을 가진 지방자치단체가 경제 주체로서 수행하는 종합적인 활동을 의미한다. 좀 더 구체적으로 설명하면 지방자치단체가 관할 구역 안의 주민들이 요구하는 공적인 재화와 서비스를 제공하기 위한 재원의 동원, 관리, 배분 등의 경제활동을 의미한다.

2 지방재정의 특징

1) 기업재정과의 차이

(1) 공공성

지방재정은 지방자치단체가 지역 주민의 공공 수요를 충족시키기 위해 재원을 확보·관리하고 지출을 한다. 따라서 지방재정은 공공성으로 인해 시장 원리의 적용이 제한된다.

(2) **강제성**

지방재정의 수입은 특정한 반대 급부 없이 강제적으로 부과되는 지방세를 주된 재원으로 하고 지출도 법규에 의해 이루어진다.

2) 국가재정과의 차이

(1) **복수성**

국가재정이 단일 주체의 재정인데 비해 지방재정은 상호 독립된 다수 지방자치단체의 재정을 의미한다. 지방자치단체는 광역과 기초를 합해 250개에 달한다.

(2) **다양성**

지방자치단체는 자연적 조건뿐 아니라 사회·경제적 조건이 다양하다. 이러한 다양성은 자치단체 간의 재정력 수준의 격차를 유발하고 재정 수요의 내용이나 정도에서도 많은 차이를 초래한다.

(3) **종속성**

지방재정은 자치재정권의 주체로서 지방자치단체가 수행하는 활동의 하나로 자율성을 원칙으로 한다. 그러나 지방자치단체는 국가의 한 부분이므로 지방재정도 중앙정부로부터 일정한 통제와 제약을 받는다.

(4) **복잡성**

지방자치단체가 2층제의 계층구조를 이루고 있어서 계층간 재원 배분도 중앙과 광역, 광역과 기초 간의 이중구조를 이루고 있다. 또한 광역과 기초 간에도 도와 시·군의 관계가 있고, 특별시·광역시와 자치구 및 군과의 관계가 있다.

(5) 응익성

일반적으로 국가재정에는 응능주의가 강하게 적용되나 지방자치단체는 주민의 일상생활과 직결되는 행정 서비스를 제공하기 때문에 지방재정에서는 응익주의가 강하게 적용된다.

3 지방재정의 기능

머스그레이브(R. A. & P. B. Musgrave)는 재정의 3대 기능으로 자원배분, 소득재분배, 경제안정화 기능을 제시했다(Musgrave & Musgrave, 1989: 454-455). 이러한 재정 기능은 국가재정뿐 아니라 지방재정도 수행한다.

1) 자원배분 기능

자본주의 경제 체제 하에서는 시장을 통해 생산자와 소비자 간의 자발적인 교환과 경쟁을 통해 자원배분이 이루어진다. 그러나 시장이 완전하지 못하기 때문에 시장실패 현상이 나타나고 이 경우 자원이 효율적으로 배분되지 않는다. 따라서 지방재정은 지방공공재의 적절한 생산과 공급을 통해 사회 전체적으로 자원이 효율적으로 배분되도록 해야 한다.

2) 소득재분배 기능

자원이 효율적으로 분배되었다고 해서 소득의 공정 분배를 의미하지는 않는다. 따라서 재정은 가급적 소득이 바람직하게 분배되도록 소득재분배 기능을 수행해야 한다.

소득재분배는 전국적인 차원에서 통일적으로 이루어져야 하므로 중앙정부의 기능이다. 따라서 지방재정은 보완적인 소득재분배 기능을 수행한다.

3) 경제안정화 기능

경제안정화 기능은 총수요 부족으로 경기 침체와 실업이 우려되면 세수(稅收)를 줄여 민간 수요를 증대시키거나 직접 정부 지출을 증대시키고, 반대로 총수요가 과다하여 물가 상승이 우려되면 세수를 늘리거나 정부 지출을 줄여 총수요를 억제하는 것을 의미한다.

그러나 지방재정을 통한 정책 수단은 한정되어 있기 때문에 경제안정화 기능은 근본적으로 중앙정부의 기능이다. 따라서 지방자치단체의 경제안정화 기능은 제한적이다.

4 지방재정의 운영 원칙

1) 수지 균형의 원칙

지방자치법 제113조 제1항은 "지방자치단체는 그 재정을 수지 균형의 원칙에 따라 건전하게 운영하여야 한다"고 규정하고 있다. 이같이 지방자치단체는 예산을 편성할 때 수입·지출이 같게 되도록 예산을 조정해야 하며, 예산상의 경비 구성과 수입 구성 간의 실질적인 상관에 따라 적정한 균형을 유지해야 한다.

2) 재정구조 탄력성 확보의 원칙

지방자치단체의 재정이 경제 사정의 변동이나 행정 수요의 변화에 대응할 수 있도록 재정구조상의 탄력성을 확보해야 한다는 것이다.

3) 재정 운영 효율화의 원칙

지방자치단체의 수입은 주민의 부담에 의하는 것이므로 최소의 부담으로 최대의 효과가 나오도록 재정을 효율적으로 운영해야 한다.

4) 국가정책 준수의 원칙

지방자치단체는 국가정책의 실현을 위해 노력해야 하

며, 국가정책과 조화되는 한도 안에서 재정을 운영해야 한다.

5) 재정 질서 유지의 원칙

국가와 지방자치단체 간, 지방자치단체 상호간 및 지방자치단체와 주민 간에 경비의 부담 구분이 적정하게 이루어져야 하고, 부당한 영향을 미치는 재정 운영을 해서는 안 된다.

6) 장기적 재정 안정의 원칙

예산의 편성과 집행, 정책과 사업계획의 수립, 수지 증감의 원인이 될 행위 등을 하고자 할 때에는 해당 연도는 물론 장기적인 관점에서 다음 연도의 재정 운영에 대해서도 고려해야 한다.

제 2 절 | 지방재정과 국가관여

지방재정은 지방자치의 취지에 따라 지방의 창의와 책임에 의해 자주적으로 운영되어야 한다. 그러나 지방재원이 풍부하고 세출을 탄력적으로 집행할 만한 충분한 여건을 갖춘 경우는 드물기 때문에 국가의 관여가 필요하다.

지방재정에 국가의 관여가 필요한 이유는 다음과 같다 (정세욱, 2001: 624).

1 재원 부여권

국가는 법률에 의하여 지방자치단체에 지방세, 지방교부세, 지방양여금, 국고보조금 등 일정한 재원을 부여한다.

2 재정적 격차 해소

지역 간 경제력의 격차는 자치단체 간의 재정력의 격차를 초래하고, 재정력의 격차는 지역 간 행정 서비스의 격차를 야기한다. 따라서 이를 완화하기 위해 국가의 관여가 필요하게 된다.

3 국민적 최저 수준의 유지

일정한 행정 서비스에 대해 국민적 최저 수준을 유지하기 위해서는 재정력이 취약한 자치단체에 경비의 일부를 국고로 보조해야 할 필요가 제기된다.

4 국가재정의 일부분

지방재정은 국가재정의 일부이므로 국가재정 정책과 일치해야 한다. 따라서 국가는 전국적인 차원에서 자치단체의 재정 운영에 대해 필요한 최소한의 관여와 통제를 해야 한다.

제 3 절 | 국가재정과 지방재정

1 국가재정과 지방재정의 규모 비교

국가재정과 지방재정을 중앙정부와 지방자치단체의 예산 순계(당초 예산)를 통해 비교해 보면 [그림 11-1]과 같이 2009년의 총예산은 355.0조 원으로 이 중 중앙정부의 예산은 217.5조 원(61.3%)이고, 지방자치단체의 예산은 137.5조 원(38.7%)이다. 여기에 교육재정 부분을 포함하면 2009년 기준 국가 대 지방 총재정 비율은 55.1: 44.9이다.

[그림 11-1] 중앙정부와 자치단체의 예산 규모

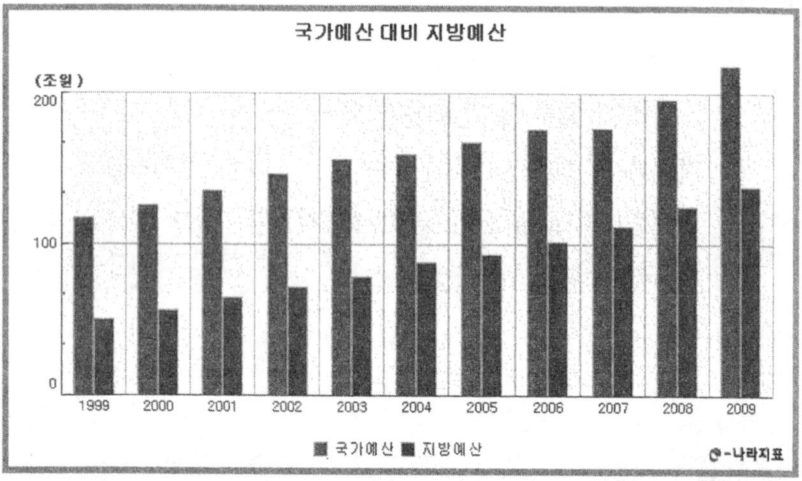

자료: e-나라지표(http: //www.index.go.kr, 2009.12.14)
주) 예산 순계(일반회계+특별회계-회계간 내부거래) 기준.

〈표 11-1〉 국가예산 대비 지방예산 비율

(단위: 조 원)

		1999	2000	2001	2002	2003	2004	2005	2006	2007	2008	2009
예산액	계	166.6	180.7	199.3	217.4	233.8	246.7	259.7	276.8	288.8	320.1	355
	국가	116.5	125.2	134.8	146	155.7	159.4	167.3	175.4	176.8	195.1	217.5
	지방	50.1	55.5	64.5	71.4	78.1	87.3	92.4	101.4	112	125	137.5
구성비 (%)	국가	69.9	69.3	67.6	67.2	66.6	64.6	64.4	63.4	61.2	60.9	61.3
	지방	30.1	30.7	32.4	32.8	33.4	35.4	35.6	36.6	38.8	39.1	38.7

자료: e-나라지표(http: //www.index.go.kr, 2009.12.14)
주) 작성 기준일: 매년 1월 1일.

〈표 11-2〉 국가대 지방의 재정사용액 비율

(단위: 조 원)

	2004년	2005년	2006년	2007년	2008년	2009년
국가	105.9 (48.4%)	108.6 (47.2%)	111.1 (46.1%)	104.8 (42.3%)	110.5 (40.3%)	132.7 (42.9%)
지방	113.1 (51.6%)	121.7 (52.8%)	130.1 (53.9%)	143.0 (57.7%)	163.5 (59.7%)	176.6 (57.1%)

자료: e-나라지표(http: //www.index.go.kr, 2009.12.14)

그러나 2009년도 국가 대 지방의 재정사용액의 비율은 <표 11-2>와 같이 42.9: 57.1로 2001년의 51.6: 48.4에 비해 크게 증가했다. 국가균형발전특별회계의 신설 등 정부의 재정분권화 노력에 따라 2004년도부터 지방의 재정사용액이 국가를 추월했기 때문이다.

지방재정 규모의 추이는 <표 11-3>과 같이 1998년도부터 IMF 체제의 영향으로 지방재정 지출의 증가 추세

〈표 11-3〉 지방재정 규모 추이(순계 규모)

(단위: 억 원)

구분	2000	2001	2002	2003	2004	2005	2006	2007
계	561,079	675,049	728,868	821,860	911,593	955,835	1,033,039	1,130,007
일반회계	419,569	515,421	547,919	650,270	717,946	746,356	797,385	868,814
특별회계	141,510	159,628	180,949	171,590	193,647	209,479	235,654	261,193
전년 대비 증가율(%)	3.9%	20.3%	8.0%	12.8%	10.9%	4.9%	8.1%	9.4%

자료: e-나라지표(http: //www.index.go.kr, 2009.12.14)

가 낮게 나타나다가, IMF 체제에서 벗어난 2001년도에 일시적으로 20.3%로 크게 증가했으며, 2002년도 이후에는 다시 증가 추세가 완화되었다.

2 중앙정부의 지방재정 지원 현황

자치단체 간의 재정적 격차를 해소하기 위해서는 중앙정부의 지방재정에 대한 지원이 불가피하다. 지방재정에 대한 지원은 [그림 11-2]와 같이 재원의 규모와 총조세에 대한 비율도 점차 증가하는 추세이다. 내용에 따라 분

[그림 11-2] 지방이전 재원 규모

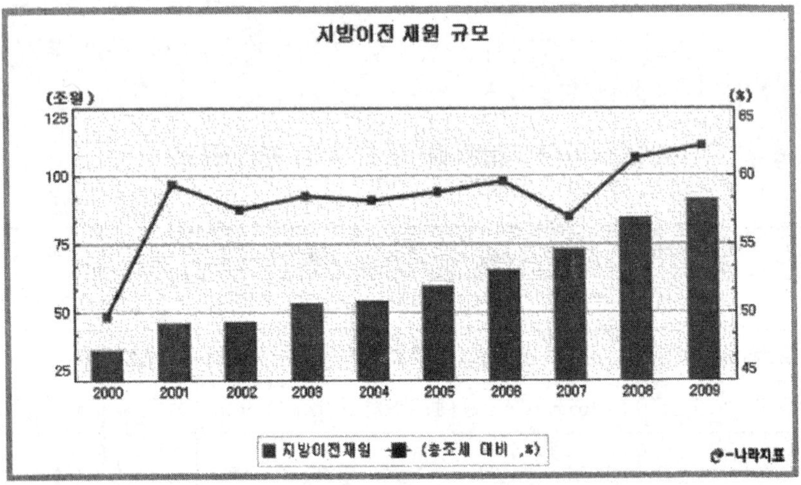

자료: e-나라지표(http: //www.index.go.kr, 2009.12.17)

〈표 11-4〉 지방이전 재원 규모

(단위: 조 원)

	1999	2000	2001	2002	2003	2004	2005	2006	2007	2008	2009
지방이전재원	31.6	35.8	46.1	46.4	53.2	54.2	59.5	65.6	73.3	84.8	91.3
- 교부금	15.5	18.1	27.1	27.5	32.1	32.8	43.8	46.1	52.1	59.7	63.3
- 양여금	7.5	8.9	8.4	8	9	8.6	-	-	-	-	-
- 국고보조금	8.6	8.8	10.6	10.9	12.1	12.8	11.3	14.8	15.6	19	21.4
- 균특회계	-	-	-	-	-	-	4.4	4.7	5.6	6.1	6.6
지방가용재원	50.2	56.4	72.8	77.9	86.3	88.4	95.5	106.9	116.8	130.5	138.4
(총조세 대비, %)	53.3	49.7	59.4	57.5	58.5	58.2	58.8	59.6	57	61.3	62.2

자료: e-나라지표(http: //www.index.go.kr, 2009.12.18)
주) 균특회계 중 보조금만 계상

류해 보면 2009년의 경우 <표 11-4>와 같이 교부금이 63조 3,000억 원 수준이고, 국고보조금은 21조 4,000억 원이며, 균특회계가 6조 6,000억 원의 규모이다.

제 4 절 | 지방재정력

1 지방재정력의 개념

머스그레이브는 지방자치단체의 재정 능력을 설명하기 위해 '조세 부담 능력', '재정 수요', '징세 노력' 및 '재정 성과' 등의 개념을 먼저 설명하고, 이들 개념을 종합해서

'지방재정력'을 설명하고 있다(Musgrave & Musgrave, 1989: 479). 하인만(David N. Hyman)은 지방재정력을 일반적으로 지방자치단체가 관할 구역의 공공 서비스를 공급하는 데 필요한 재정 수요를 충족시키기 위해 소요되는 재원을 자기 관할 지역 내의 과세 대상으로부터 조달할 수 있는 조세 부담 능력을 의미한다(Hyman, 1999: 642)고 한다. 그러나 지방자치단체의 재원은 조세 이외에서도 조달될 수 있으므로 지방재정력은 "지방자치단체가 관할 구역의 공공 서비스를 공급하는 데 필요한 재정 수요를 충족시키는 데 필요한 재원을 자주적으로 조달할 수 있는 능력을 의미한다"고 할 수 있다.

2 지방재정자립도

1) 지방재정자립도의 개념

지방자치단체의 예산 규모에서 자체수입이 차지하는 비율을 의미한다. 즉 예산 규모에서 지방세수입과 세외수입의 합계액이 차지하는 비율을 의미한다.

$$\text{지방재정자립도(\%)} = \frac{\text{지방세수입} + \text{세외수입}}{\text{자치단체 예산 규모}} \times 100$$

* 지방세: 보통세 + 목적세(지방교육세 제외)
* 세외수입: 경상적 세외수입 + 임시적 세외수입
* 자치단체 예산 규모: 지방세(지방교육세 제외) + 세외수입 + 지방교부세 + 조정교부금 및 재정보전금 + 보조금 + 지방채 및 예치금 회수

2) 지방재정자립도의 개념상 문제점

(1) 재정 규모의 무시

지방재정자립도는 지방자치단체의 재정 규모는 고려하지 않고 비율만 나타낸다. 그러나 재정자립도가 유사하다고 자치단체의 재정력이 유사한 것은 아니다. 재정자립도가 같다면 재정 규모가 클수록 재정력이 크다고 보아야 할 것이다.

(2) 세출구조의 무시

지방재정자립도는 경상적 경비와 임시적 경비의 비율 등을 고려하지 않는다. 재정자립도가 같다면 경상적 경비의 비율이 높을수록 재정력은 약하다고 보아야 할 것이다. 즉 세출 총액 중 자본적 지출의 비중이 클수록 자치단체의 재정력은 크다고 보아야 할 것이다.

(3) 의존재원과의 역관계

지방자치단체의 재정 사정과는 무관하게 의존재원이 적으면 적을수록 재정자립도는 높게 나타나는 모순이 있다.

(4) 의존재원의 성격 무시

의존재원 중에는 국고보조금과 같이 자치권을 제약하는 것이 있는가 하면 지방교부세와 같이 지원은 하되 자치권을 제약하지 않는 것을 원칙으로 하는 것도 있다. 그러나 재정자립도는 의존재원의 성격을 고려하지 않는다.

[그림 11-3] 연도별 전국 평균 재정자립도

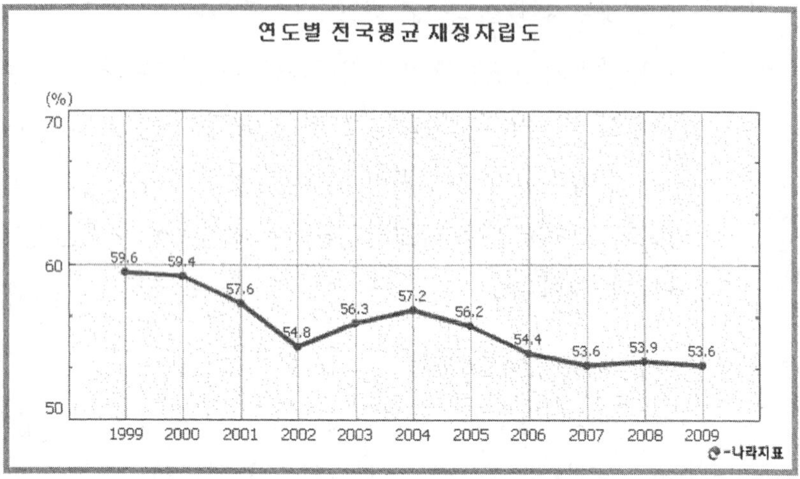

자료: e-나라지표(http: //www.index.go.kr, 2009.12.21)

〈표 11-5 〉 지방자치단체의 재정자립도

(단위: %)

	1999	2000	2001	2002	2003	2004	2005	2006	2007	2008	2009
전국평균 (순계 규모)	59.6	59.4	57.6	54.8	56.3	57.2	56.2	54.4	53.6	53.9	53.6
특·광역시 (총계 규모)	81.8	84.8	82.9	79.8	82.2	81.4	80.3	78.5	73.9	73.8	72.7
도(총계 규모)	38.3	37.9	35.6	34.6	39.4	41.3	36.6	36.1	34.9	39.5	33.3
시(총계 규모)	52	50.6	43.4	40.2	38	38.8	40.6	39.4	39.5	40.7	40.7
군(총계 규모)	23.4	22	18.1	17.4	16.3	16.6	16.5	16.1	16.6	17.2	17.8
자치구 (총계 규모)	52.3	46.9	45	45.1	42.3	42.6	44.3	40.5	37.5	37.1	37.3

주) 매년 당초 예산 기준임.
자료: e-나라지표(http: //www.index.go.kr, 2009.12.21)

3) 지방재정자립도의 현황

(1) 전국 평균

2009년도 재정자립도의 전국 평균은 [그림 11-3], <표 11-5>와 같이 53.6%로서 1999년 이래 전반적으로 낮아지는 것으로 나타나고 있다. 특히 자치구의 재정자립도는 1999년(52.3%)에 비해 2009년(37.3%)에는 다른 단위의 자치단체에 비해 하락 폭이 더욱 크게 나타났다.

(2) 계층별

자치계층별 재정자립도를 보면 <표 11-6>과 같이 전국 최고는 서울 본청(90.4%)이고 최저는 전남 완도군(7.2%)으로 나타났다. 광역시 중에서는 전국 최고가 인천 본청(75.7%)이고 최저는 광주 본청(42.9%)으로, 도

〈표 11-6〉 단체별 재정자립도(2009)

(단위: %)

구분	특별시	광역시	도	특별자치도	시	군	자치구
평균	90.4	57.9	33.9	24.9	40.7	17.8	37.3
최고	90.4	75.7	64.1	24.9	72.9	56.7	85.7
	서울 본청	인천 본청	경기 본청	제주 본청	경기 용인시	울산 울주군	서울 중구
최저	-	42.9	10.4	-	9.9	7.2	13.6
	-	광주 본청	전남 본청	-	전북 남원시	전남 완도군	부산 서구

주) 총계 규모임.

자료: 행정안전부, 「2009년도 지방자치단체 예산개요」, p. 131.

〈표 11-7〉 재정자립도 시·도별 현황(2009)

(단위: %)

시도별	평 균 (순계 규모)	특별시 광역시 (총계 규모)	도 특별자치도 (총계 규모)	시 (총계 규모)	군 (총계 규모)	자치구 (총계 규모)
단체별 평균	53.6	72.7	33.3	40.7	17.8	37.3
서울	92.0	90.4	-	-	-	50.8
부산	58.3	55.5	-	-	33.2	22.7
대구	54.7	50.7	-	-	36.2	24.1
인천	74.2	75.7	-	-	17.9	30.5
광주	48.3	42.9	-	-	-	19.2
대전	59.3	54.5	-	-	-	22.9
울산	67.7	59.3	-	-	56.7	36.8
경기	75.9	-	64.1	57.6	31.3	-
강원	28.0	-	21.4	25.4	15.3	-
충북	33.3	-	25.4	31.8	22.0	-
충남	36.6	-	28.1	33.4	21.7	-
전북	23.6	-	17.5	21.6	13.3	-
전남	19.4	-	10.4	26.7	12.0	-
경북	27.7	-	19.1	28.4	15.1	-
경남	39.4	-	32.5	37.2	14.8	-
제주	25.2	-	24.9	-	-	-

주) 1. 시·도별 전국 평균 재정자립도는 순계 규모로 산출됨에 따라 단체별보다 다소 높게 나타남(의존재원인 국고보조금 등 중복 계상분을 공제).
2. 특별시, 광역시, 도, 시, 군, 자치구의 단체별 재정자립도는 순계 규모로 산출이 곤란함에 따라 총계 규모로 산출.

자료: 행정안전부, 「2009년도 지방자치단체 예산개요」, p. 131.

중에서 최고는 경기 본청(64.1%)이고 최저는 전남 본청(42.9%)으로 나타났다. 기초자치단체는 시 중에서 최고는 경기 용인시(72.9%)이고 최저는 전북 남원시(9.9%)로, 군 중에서 최고는 울산 울주군(56.7%)이고 최저는 전남 완도군(7.2%)으로, 자치구 중에서 최고는 서울 중구(85.7%)이고 최저는 부산 서구(13.6%)로 나타났다. 이같이 자치단체 간의 재정자립도의 차이가 크게 나타나고 있다.

3 지방재정자주도

1) 개 념

자치단체의 예산 규모에서 자체수입과 자주재원이 차지하는 비율을 의미한다. 여기서 자주재원은 지방교부세, 조정교부금, 재정보전금을 의미한다. 이 세 종류의 이전재원을 자주재원으로 분류하는 이유는 용도에 대한 제약이 없는 일반재원이기 때문이다. 따라서 지방재정자주도는 자치단체의 예산 규모 중 지방자치단체의 자주적 판단에 의해 용도를 결정할 수 있는 재원의 비중을 나타내는 것이다. 일반적으로 일반재원의 비중이 커지면 지출의 선택 범위가 넓어져 재정 운영의 자주성과 탄력성이 커진다.

〈표 11-8〉 단체별 재정자주도(2009)

(단위: %)

구분	특별시	광역시	도	시	군	자치구
평균	92.2	72.0	49.5	71.5	64.6	61.8
최고	92.2	79.7	66.0	91.4	75.9	91.4
	서울 본청	인천 본청	경기 본청	경기 과천시	강원 홍천군	서울 강남구
최저	-	68.2	32.4	58.5	50.3	33.7
	-	광주 본청	전남 본청	전남 목포시	전남 신안군	광주 북구

자료: 행정안전부, 「2009년도 지방자치단체 예산개요」, p. 145.

〈표 11-9〉 재정자주도 시·도별 현황(2009)

(단위: %)

시도별	평균 (순계 규모)	특별시 광역시 (총계 규모)	도 특별자치도 (총계 규모)	시 (총계 규모)	군 (총계 규모)	자치구 (총계 규모)
단체별 평균	78.9	81.2	49.5	71.5	64.6	61.8
서울	93.7	92.2	-	-	-	77.1
부산	74.0	69.7	-	-	68.0	44.7
대구	75.3	70.3	-	-	70.4	47.7
인천	82.0	79.7	-	-	54.9	55.7
광주	73.6	68.2	-	-	-	40.8
대전	74.5	69.9	-	-	-	42.6
울산	80.2	71.1	-	-	74.7	61.7
경기	84.4	-	66.01	76.5	69.0	-
강원	75.4	-	43.1	69.7	68.8	-
충북	74.6	-	45.6	69.0	67.0	-
충남	72.4	-	43.8	66.4	62.4	-
전북	71.7	-	41.5	64.7	62.5	-
전남	67.9	-	32.4	64.9	60.6	-
경북	74.6	-	40.9	70.3	67.3	-
경남	75.0	-	46.3	70.3	64.4	-
제주	65.0	-	64.1	-	-	-

자료: http: //lofin.mopas.go.kr/(2009.12.20)

$$\text{지방재정자주도(\%)} = \frac{\text{자체수입(지방세} + \text{세외수입)} + \text{자주재원(지방교부세} + \text{조정교부금} + \text{재정보전금)}}{\text{자치단체 예산 규모}} \times 100$$

2) 재정자주도의 현황

2009년 재정자주도의 전국 평균은 <표 11-8>과 같이 78.9%이고, 전국 최고는 서울 본청(92.2%)이며 전국 최저는 전남 본청(32.4%)으로 나타났다. 자치계층별 재정자주도의 최고와 최저는 <표 11-8>과 같고, 시·도별 현황은 <표 11-9>와 같다.

4 재정력 지수

지방재정력을 평가하는 방안으로 지방교부세 산정 시 이용되는 방식을 이용해 볼 수도 있다. 행정안전부는 매년 지방교부세를 배분하는 작업을 하는데 이 때 사용하는 중요한 기준이 기준재정수요액과 기준재정수입액이다. 여기서 자치단체별 기준재정수입액을 기준재정수요액으로 나누어 산정한 것이 재정력지수이다. 그런데 여기서 기준재정수요액은 지방자치단체가 최소한의 기능을 수행하는 데 필요한 재원이므로 이 비율은 최소한의 기능을 수행하는 데 필요한 재정력의 크기를 나타낸다는 제약이 있다.

1) 기준재정수요액

기준재정수요액은 지방자치단체가 기본적 기능을 수행하는 데 필요하다고 생각하는 재정으로 산정 방식은 법령에 정해져 있다(지방교부세법 제7조). 정해진 비용 항목의 단위 수에 단위 비용을 곱하는 방식으로 이루어진다. 현재 대항목으로 4개, 소항목으로 16개의 항목이 있다(지방교부세법 시행령 제5조 ①의 [별표 1]). 이들 16개 항목당 선정된 재정 수요를 모두 합친 것이 기준재정수요액이 된다.

2) 기준재정수입액

기준재정수입액은 지방자치단체가 자주적으로 거두어들일 수 있는 기본적 수입을 의미하며 보통세 수입의 80%로 전해져 있다. 보통세 수입을 모두 기준재정수입액으로 하지 않은 이유는 보통세 수입의 20%는 지방자치단체가 기준재정수요액을 산정할 때 인정되는 사업 이외의 사업에 자주적으로 쓰도록 한다는 의미가 있다.

3) 재정력 지수의 시·도별 현황

재정력 지수는 자치단체별 기준재정수입액을 기준재정수요액으로 나누어 산정하며, 시·도 본청과 시·군을 각각 산정한다. 단, 특별시와 광역시는 자치구의 수요·수입액을 본청에 합산하여 산정한다. 시·도별 재정력 지

〈표 11-10〉 재정력지수 시·도별 현황

자치단체	2007년도	2008년도	2009년도
서 울	1.01	1.007	1.01
부 산	0.878	0.853	0.754
대 구	0.81	0.763	0.72
인 천	1.011	0.985	0.955
광 주	0.681	0.659	0.587
대 전	0.867	0.835	0.75
울 산	0.832	0.846	0.843
경 기	1.032	1.028	0.992
강 원	0.458	0.531	0.475
충 북	0.492	0.564	0.497
충 남	0.675	0.644	0.574
전 북	0.408	0.333	0.239
전 남	0.32	0.278	0.193
경 북	0.433	0.447	0.391
경 남	0.664	0.703	0.742

자료: 행정안전부, 재정고 재정자료실(http: //lofin.mopas.go.kr/, 2009, 12.21)

주) 본청 기준.

수의 현황은 <표 11-10>과 같다. 여기서 2009년 기준으로 기준재정수입액이 기준재정수요액보다 많은 서울(본청)은 재정력지수가 1이 넘는 1.01을 기록하고 있다. 이같이 재정력지수가 1을 넘는 경우에는 보통교부세가 교부되지 않는다. 기초자치단체는 수원(1.081), 성남(1.554), 고양(1.141), 과천(1.694), 용인(1.667), 화성(1.455) 등 여섯 곳이 보통교부세 불교부단체이다.

제 5 절 | 지방재정조정제도

1 지방재정조정의 의의

지방재정조정제도는 중앙정부가 지방자치단체에, 광역자치단체가 기초자치단체에, 그리고 동급 자치단체 간에 재원을 제공하거나 단체 간의 재원불균형을 조정해 줌으로써 지방자치단체의 바람직한 역할 수행을 뒷받침해 주기 위한 재원 이전 장치이다. 즉 지방재정조정제도는 지방자치단체가 최소한의 행정 수준(national minimum)을 유지하는 데 필요한 재원을 보장해 주고 지방자치단체 간의 재정력 격차를 완화하기 위해 국세수입의 일부 또는 기타 자금을 일정 기준에 따라 지방자치단체에 배분하는 제도이다(권형신 외, 1998: 314).

2 지방재정조정의 기능

지방재정조정은 아래와 같은 기능을 수행하나 점차 재정적 불균형의 시정이 중요시되고 있다(Harvey, 1983: 237).

1) 재정적 불균형의 시정

자본주의의 발전에 따라 필연적으로 발생하는 지역 간의 경제력의 격차에 따라 발생하는 지역 간의 재정력의 격차를 시정하는 기능을 수행한다.

2) 최소한 행정 수준의 재원 보장

주민의 거주 지역에 관계없이 국민에게 보장해야 하는 최소한의 행정 서비스를 제공하기 위한 재원을 보장하는 기능을 수행한다.

3) 국가적 사업에 대한 장려와 조장

국가적으로 추진하는 사업을 장려하거나 조장하는 기능을 수행한다.

4) 재난대책 등에 대한 보조

천재지변과 같은 재난이 발생했을 경우 이에 대한 대책을 위해 재원이 필요한데 이에 대한 재원을 보조하는 기능을 수행한다.

3 지방재정조정의 유형

1) 수직적 재정조정

중앙정부가 지방자치단체에게 또는 광역지방자치단체

〈표 11-11〉 지방이전 재원 규모

(단위: 조 원)

	1999	2000	2001	2002	2003	2004	2005	2006	2007	2008	2009
지방이전재원	31.6	35.8	46.1	46.4	53.2	54.2	59.5	65.6	73.3	84.8	91.3
- 교부금	15.5	18.1	27.1	27.5	32.1	32.8	43.8	46.1	52.1	59.7	63.3
- 양여금	7.5	8.9	8.4	8	9	8.6	-	-	-	-	-
- 국고보조금	8.6	8.8	10.6	10.9	12.1	12.8	11.3	14.8	15.6	19	21.4
- 균특회계	-	-	-	-	-	-	4.4	4.7	5.6	6.1	6.6
지방가용재원	50.2	56.4	72.8	77.9	86.3	88.4	95.5	106.9	116.8	130.5	138.4
(총조세대비, %)	53.3	49.7	59.4	57.5	58.5	58.2	58.8	59.6	57	61.3	62.2

자료: e-나라지표(http: //www.index.go.kr, 2009.12.21)
* 균특회계 중 보조금만 계상.

가 기초자치단체에게 재원을 제공하거나 단체 간의 재원 불균형을 조정해 주는 재정조정의 방식이다. 중앙정부의 지방자치단체에 대한 수직적 재정조정을 위한 이전 재원의 규모는 <표 11-11>과 같다.

2) 수평적 재정조정

재정력이 강한 지방자치단체가 약한 자치단체에게 시행하는 동급 자치단체 간의 재정조정제도이다. 재정력이 강한 자치단체의 저항과 징세 노력의 감소 등으로 시행 가능성은 적은 제도이다.

제6절 | 지방재정력의 강화

1 국토의 균형 발전

지방재정력은 결국 지역경제력을 반영하는 것이다. 따라서 지방재정력의 강화를 위해서는 지역경제의 발전이 우선되어야 할 것이고, 지방재정력의 격차를 해소하기 위해서는 지역경제의 발전이 국가 전체적으로 균형 있게 발전되어야 할 것이다.

2 자치재정권의 강화

1) 지방세수의 확충

지방세수의 확충을 위해서는 과세 자주권의 확대를 통해 지방세율의 조정과 세원 개발을 가능하게 하고 국세를 지방세로 이양하는 방안 등이 있다.

2) 세외수입의 확충

세외수입의 확충 방안으로는 사용료와 수수료 수준의 현실화, 각종 분담금제도의 적극적 활용 및 개발, 지방공기업의 경영 효율화 등이 있다.

3) 자치단체의 자구 노력 강화

자치단체 스스로도 자구 노력을 강화하여 과세표준을 현실화하고, 체납세 징수를 강화하며 비과세 감면 제도를 개선해야 한다.

3 의존재원의 개선

1) 지방교부세 제도

지방교부세율(내국세 총액의 2003년: 15%, 2005년: 18.3%, 2006년: 19.24%)의 인상, 교부세 산정 방식의 개선(다문화 가정, 외국인 수 등의 반영) 및 세수 증대를 위한 자구 노력에 대한 인센티브의 강화가 필요하다.

2) 국고보조금 제도

지방교부세로 개편하거나 비중을 줄이고 보조율의 인상, 차등보조율의 적용 및 보조단가의 현실화가 필요하다.

제12장 지방자치단체의 수입

* 지방재원 = 자체수입 + 의존재원

* 자체수입
- 지방세 수입
- 세외수입 - 사용료 · 수수료 · 분담금 · 부담금 · 재산수입 · 징수교부금 · 이월금 기부금 · 전입금 · 경영수익사업 수입 · 잡수입
- 공기업 수입
- 지방채 수입

* 의존재원
- 지방교부세 — 보통교부세, 특별교부세, 분권교부세, 부동산교부세
- 국고보조금 — 교부금, 국고부담금, 협의의 국고보조금
- (특별시 · 광역시 -자치구)

일반교부금
특별교부금
─ 시비보조금 ─ (광역시 - 자치구 · 군)
─ 재정보전금 ─ (도 · 광역시 - 시 · 군)
일반재정 보전금
시책추진보전금
특별재정보전금
└ 도비보조금 ─ (도 - 시 · 군)

지방자치단체의 1 회계연도 수입을 세입(歲入)이라 한다.

제 1 절 | 지방재원의 의의

지방재원은 지방자치단체가 자신의 경비를 충당하기 위한 재원으로 조달하는 재화를 말한다. 지방재원에는 지방자치단체가 법령에 근거하여 강제로 징수하는 것, 사용 또는 서비스의 반대급부 및 재산을 처분한 대가도 있다.

제 2 절 | 지방재원의 종류

지방재원은 해당 자치단체가 자주적으로 조달하는 자체수입과 국가나 상급지방자치단체에 의존하는 의존재원으로 나눌 수 있다.

제 3 절 | 자체수입

1 지방세 수입

1) 지방세의 의의

지방자치단체가 주어진 기능 수행에 필요한 경비에 충당하기 위해 주민 또는 구역 안에서 일정한 행위를 하는 자로부터 특정한 반대급부 없이 강제적으로 부과·징수하는 경제적 부담을 의미한다.

2) 지방세의 원칙

(1) 보편성의 원칙

세원이 가능한 모든 자치단체에 고르게 분포되어야 한

다.

(2) 안정성의 원칙

경기 변동에 민감하지 않고 안정성 있는 세수 확보가 가능해야 한다.

(3) 국지성의 원칙

과세의 정확성을 위해 과세 객체의 자치단체 간 이동이 적어야 한다.

(4) 응익성의 원칙

지방행정은 비권력적, 서비스적 행정이 많기 때문에 응능성의 원칙 외 응익성의 원칙도 고려되어야 한다.

(5) 부담 분임의 원칙

지방자치에 대한 관심으로 참여 의식을 강화하기 위해 지방자치단체의 주민은 누구나 자치단체의 경비를 분담해야 한다(예: 주민세 균등할).

(6) 자주성의 원칙

지방자치단체의 과세 행정상의 자주성을 보장할 수 있어야 한다.

3) 지방세의 구조

[그림 12-1] 지방세의 구조(조세의 구조)

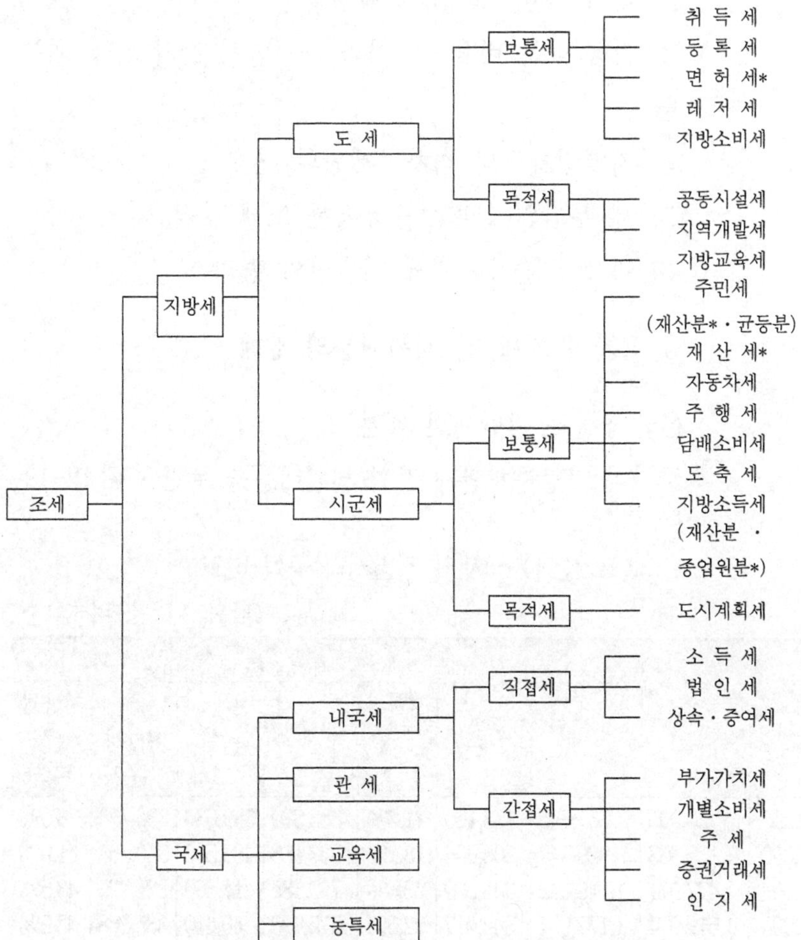

자료: (http: //www.kipf.re.kr/finances/tax_systemTax.aspx, 2009. 12.24)와 지방세법 개정(2010. 1.1)

* 면허세, 주민세(재산분), 재산세, 지방소득세(종업원분)는 자치구세.

4) 국가와 지방자치단체 간의 세원배분 결정 요인

(1) 정치 체제 - 지방분권 체제, 중앙집권 체제

(2) 국가 형태 - 연방국, 단일국

(3) 기능 배분 비율 - 국가와 자치단체 간의 기능 배분 비율

(4) 지역경제력의 격차 - 세원의 편재도

(5) 세 부담의 공평성 - 공평한 조세 부담

(6) 과세 기술상 - 과세 기술상의 편의

5) 국가와 지방 간 세원배분의 실태

(1) 국세와 지방세의 배분

국가와 지방자치단체 간의 세원배분을 보면 <표 12-1>

〈표 12-1〉 국세와 지방세의 구성 비교

(단위: 억 원, 억 엔)

연도별	한국				일본			
	계	국세	지방세	지방세 구성 비율	계	국세	지방세	지방세 구성 비율
1995	720,905	567,745	153,160	21.2%	886,380	549,630	336,750	38.0%
2000	1,135,353	929,347	206,006	18.1%	837,158	486,590	350,568	41.9%
2003	1,477,971	1,146,642	331,329	22.4%	739,585	417,860	321,725	43.5%
2004	1,519,974	1,177,957	342,017	22.5%	775,798	440,410	335,388	43.2%
2005	1,634,431	1,274,657	359,774	22.0%	818,464	470,420	348,044	42.5%
2006	1,793,380	1,380,443	412,937	23.0%	869,742	504,680	365,062	42.0%
2007	2,049,834	1,614,591	435,243	21.2%	928,178	525,510	402,668	43.4%

* 2007까지 결산 기준.

자료: 행정안전부, 2009년도 지방자치단체 예산개요, p.108.

과 같이 우리나라는 대체로 20% 내외이나 일본은 40% 내외로서 우리의 2배 정도에 이르는 것으로 나타났다.

(2) 세원의 실질적 배분

지방세 수입에 지방교부세, 국고보조금을 합한 금액을 가지고 국가와 지방자치단체 간의 실질적인 세원 배분을 보면 <표 12-2>와 같이 57.1% 수준(2009년도 기준)이다.

〈표 12-2〉 국가대 지방의 재정사용액 비율

(단위: 조 원)

	2004년	2005년	2006년	2007년	2008년	2009년
국가	105.9 (48.4%)	108.6 (47.2%)	111.1 (46.1%)	104.8 (42.3%)	110.5 (40.3%)	132.7 (42.9%)
지방	113.1 (51.6%)	121.7 (52.8%)	130.1 (53.9%)	143.0 (57.7%)	163.5 (59.7%)	176.6 (57.1%)

자료: e-나라지표(http: //www.index.go.kr, 2009.12.21)

6) 지방세제의 문제점

(1) 지방세원의 빈약

지방자치단체 일반회계 세입을 재원별로 보면 지방세가 차지하는 비중은 <표 12-3>과 같이 우리나라가 33~34% 수준인데 일본의 경우는 43.8% 수준에 달하는 것으로 나타났다.

〈표 12-3〉 지방자치단체 일반회계 세입 재원별 비교

(단위: 억 원, 억 엔)

구분	한국				일본	
	2009년도	구성비	2008년도	구성비	2009년도	구성비
계	1,406,077	100	1,260,500	100%	825,557	100
지방세	470,670	33.5%	435,497	34.5%	361,860	43.8%
세외수입	147,669	10.5%	121,918	9.7%	64,912	7.9%
지방교부세	265,019	18.8%	241,258	19.1%	158,202	19.2%
조정교부금 등	61,526	4.4%	58,136	4.6%	-	-
지방양여금	-	-	-	-	19,238	2.3%
보조금	442,078	31.4%	386,565	30.7%	103,016	12.5%
지방채	19,115	1.4%	17,126	1.4%	118,329	14.3%

주) 총계 기준.
자료: 행정안전부, 2009년도 지방자치단체 예산개요, p. 107.

(2) 세원의 지역적 편재

2008년도 지방세의 단체별 분포 현황을 보면 <표 12-4>와 같이 서울특별시가 11.3조 원으로 전체 지방세 징수액(45.5조 원)의 24.84%이고, 광역시 전체는 8.3조 원으로 18.24%를 차지하고 있는 것으로 나타났다. 이러한 결과로 대도시는 국세의 지방세 이양을 요구하고, 그 밖의 자치단체는 지방교부세의 증액을 요구한다. 지방재정에서 지방세가 차지하는 비중도 <표 12-5>와 같이 특별시(81.6%)나 광역시(49.6%)는 다른 계층의 자치단체보다 높게 나타났다.

〈표 12-4〉 지방세의 단체별 분포 현황

(단위: 조 원)

	1999	2000	2001	2002	2003	2004	2005	2006	2007	2008
지방세 징수액	18.6	20.6	26.7	31.5	33.1	34.2	35.9	41.3	43.5	45.5
(조세 총액 대비, %)	19.7	18.1	21.8	23.3	22.4	22.5	22	23	21.2	21.4
(GDP 대비, %)	3.8	3.6	4.1	4.6	4.6	4.4	4.5	4.9	4.8	4.4
특별시	4.9	4.7	7.1	8.6	8.8	8.5	8.8	10	10.8	11.3
광역시	4.2	3.6	5.3	6.3	6.8	6.5	7.2	8.1	8.3	8.3
도	4.3	3.9	7	9.2	9.1	9.3	9.8	11.5	11.4	11.6
시	3.8	3.7	4.7	4.8	5.5	6.5	6.9	8.1	8.8	10.1
군	0.9	0.9	1.1	1.1	1.2	1.3	1.4	1.5	1.6	2
구	1.5	1.3	1.5	1.5	1.7	2.1	1.8	2.1	2.6	2.2

자료: e-나라지표(http: //www.index.go.kr, 2009.12.21)

〈표 12-5〉 지방재정에서 지방세가 차지하는 비중

구분	2009년도 예산액 (일반회계)	2009년도 지방세	지방세 비중
계	1,406,077	470,670	33.5%
특별시	149,790	122,274	81.6%
광역시	175,041	87,388	49.6%
도	335,811	112,422	33.5%
특별자치도	22,189	4,471	20.2%
시	359,234	95,732	26.6%
군	210,678	17,967	8.5%
자치구	152,334	30,416	20.0%

주) 지방세 수입은 지난년도 수입(6,709억 원)이 포함된 것임.
자료: 행정안전부, 2009년도 지방자치단체 예산개요, p. 110.

〈표 12-6〉 지방세로 인건비 미해결 단체

구분	계	시·도	시	군	자치구
492계 미해결(%)	246 114(46%)	16 —	75 12(16%)	86 61(71%)	69 41(59%)

자료: 행정안전부, 2009년도 지방자치단체 예산개요, p. 110.

*** 재산세의 공동과세**

서울특별시의 자치구 간 재정력의 불균형을 해소하기 위해 지방세법이 개정되었다. 지방세법 제6조의2(특별시의 관할 구역 안 재산세의 공동과세)에 의해 종래 자치구세인 재산세의 50%(2008년: 40%, 2009년: 45%, 2010년: 50%)를 특별시분 재산세로 하고, 서울특별시는 이 세수를 전액 관할 구역 안의 자치구에 교부한다.

(3) 지방세수의 신장성 저조

지방재정 수요 증가에 능동적으로 대처하기 위해서는 지방세도 비례적으로 신장되어야 하나 다음과 같은 문제가 있다.

① 자산과세 중심

소득과세나 소비과세에 비해 신장성이 낮다.

② 정액세의 조정 지연

면허세, 자동차세, 주민세 균등할 등 정액세를 물가상승률에 따라 신속히 조정하지 못해 실질적인 세수의 감소를 초래한다.

③ 부동산 과세 시가 표준액의 조정 지연

부동산 과세 시가 표준액의 조정이 지연되어 세수의 신장을 저해한다.

④ 각종 조세 감면제도

수출 진흥, 특정 산업 육성, 농민 조세 부담 경감 등 조세 감면제도가 세수의 신장을 저해한다.

⑤ 과세 자주권의 결여

지방세제는 법률상 획일적으로 규정되어 있어서 법정 외 세목의 신설을 금지한다.

〈표 12-7〉 지방세의 구조(2009년도)

성질별	세목	당해 연도 예산액(억 원)	비중 (%)
계	16 세목	463,961	100
○ 소득과세(2)	주민세, 농업소득세	80,072	17.3
○ 소비과세(4)	담배소비세, 레저세, 도축세, 주행세	70,260	15.1
○ 재산과세	재산세(특별시분재산세), 도시계획	233,040	50.2
· 보유과세(4)	세, 공동시설세	82,939	17.9
· 거래과세(2)	취득세, 등록세	150,101	32.4
○ 기타(5)	면허세, 사업소세, 지역개발세, 지방교육세, 자동차세	80,590	17.4

주) 지난 연도 수입(6,709억 원)이 포함되지 않았음.
자료: 행정안전부, 2009년도 지방자치단체 예산개요, p. 110.

2 세외수입

1) 의의

지방자치단체의 지방세 수입을 제외한 자체수입 중 지방채 수입과 공기업 수입을 제외한 세외수입, 즉 일반 회계수입을 의미한다.

2) 세외수입의 특성

(1) 자주적 재원 - 자치단체의 자주적 활동에 의한 수입이다.

(2) 서비스에 대한 보상 - 자치단체가 제공하는 서비스에 대한 대가의 성격이 있다.

(3) 다양성 - 수입의 근거, 종류 및 형태가 매우 다양하다.

(4) 불규칙성 - 자치단체의 여건 및 시기에 따라 수입의 규모가 일정하지 않다.

(5) 용도의 특정 - 법령상, 성격상 재원의 용도가 정해지는 경우가 많다.

3) 세외수입의 구성

(1) 사용료 - 자치단체의 공공시설의 이용 또는 재산의 사용에 대해 징수하는 대금

(2) 수수료 - 특정인을 위한 지방자치단체의 사무에 징수하는 대금

(3) 분담금 - 지방자치단체의 재산 또는 공공시설의 설치로 인해 주민의 일부가 이익을 받는 경우 징수하는 대금

(4) 부담금 - 자치단체 처리사무에 대해 국가나 상급자치단체가, 혹은 상급자치단체 처리사무에 대해 지방자치단체가 경비의 일부를 부담하는 대금

(5) 재산수입 - 자치단체가 소유하는 잡종재산의 임대나 매각으로 인한 수입

(6) 교부금 - 자치단체가 국가 또는 상급자치단체의 사무를 위임받아 처리할 때 위임기관이 수임기관에 교부하는 대금(예: 조세징수교부금)

(7) 이월금 - 전년도 발생 잉여금 중 현년도로 이월된 금액

(8) 기부금 - 주민이나 기업의 자발적 의사에 의해 용도의 지정 혹은 지정 없이 자치단체에 납입한 대금

(9) 전입금 - 당해 자치단체의 다른 회계나 기금으로부터 자금 이동으로 생기는 수입

(10) 경영수익사업수입 - 자치단체가 지방재정의 확충을 위한 수익사업에서 얻는 수입

(11) 잡수입 -불용품 매각수입, 변상금, 위약금(과태료, 체납처분비 등), 예금 이자 등

3 공기업 수입

특별회계로 운영되는 공기업에서 얻는 수입(예: 상수도사업, 지하철사업 등)

4 지방채 수입

1) 의의

지방자치단체가 재정수입의 부족액을 충당하기 위해 채권 발행을 통해 조달하는 차입자금을 의미한다.

2) 지방채의 특징

(1) 지방자치단체의 채무 - 과세권을 담보로 발행하는 채권에 의해 발생하는 채무이다.

(2) 장기차입금 - 장기에 걸쳐 상환되는 차입금이다.

(3) 무담보 - 과세권이란 신용을 담보로 발행하는 채권이다.

(4) 임의성 - 원칙적으로 자유 의사에 의해 매각한다.

(5) 단기간 자금 조달 가능성 - 단기간에 자금 조달이 용이하다.

3) 기능 - 보완

(1) 재원 조달 기능

투자사업(예: 지하철)의 건설 재원은 규모가 크고 불규칙하며, 재해 발생에 따른 복구비와 같은 임시적 지출은 지방채에 의하지 않으면 지방세율의 대폭 인상이 불가피하여 조세 저항이나 경제활동에 충격이 크다.

(2) 자원의 효율적 배분

지방공기업에 필요한 재원은 차입금에 의하는 것이 조세수입의 경우보다 자원의 효율적 배분의 면에서 합리적이다.

(3) 부담의 공평

① 세대 간

내구적 공공재 지출의 수익이 당해 연도 납세자 외에 장래까지 파생되는 경우에 소요재원을 조세로 충당하면 비용 부담 연도에 거주하는 주민에게 비용을 전담시키는 결과가 되어 편익의 혜택과 비용 부담 간의 대응성을 저해한다. 따라서 장기 지방채 발행을 통해 재원을 조달하면 세대 간에 비용을 공평하게 부담시킬 수 있다.

② 주민 간

장기 지방채의 발행은 거주 주민과 이동 주민 간의 부담 공평화에도 기여한다.

4) 부채의 적정 규모 평가 기준

(1) 기채 조달재원이 장기적 편익 수반하는 공공사업에 합리적으로 쓰여지고 있는가?

〈표 12-8〉 자치단체별, 회계별 지방채 현황(2008년 12월 말 기준)

(단위: 억 원)

구분 시·도별	계	일반회계	기타 특별회계	공기업특별회계
합계	(100.0%) 190,486	(61.7%) 117,529	(22.9%) 43,642	(15.4%) 29,315
서울	15,544	142	15,197	205
부산	24,273	10,893	9,930	3,450
대구	17,960	8,264	7,359	2,337
인천	16,279	12,084	688	3,507
광주	8,236	6,315	1,409	512
대전	4,975	3,166	840	969
울산	5,673	3,923	150	1,600
경기	31,773	25,329	2,208	4,236
강원	9,671	7,684	482	1,505
충북	4,458	3,565	507	386
충남	8,154	2,982	1,451	3,721
전북	8,194	6,843	563	788
전남	7,228	4,575	1,619	1,034
경북	9,900	6,845	310	2,745
경남	12,692	10,603	591	1,498
제주	5,476	4,316	338	822

주) 시군구 채무 포함.

자료: 행정안전부, 2009년도 지방자치단체 예산개요, p. 80.

(2) 재정 규모상 원리금 상환에 문제가 없는가?

원리금 상환 재원의 상당 부분이 사업수익을 통해 조달될 수 있다면, 대부분의 상환 재원을 기채를 통해 조달하고 자산의 내용 연수와 같은 장기간에 걸쳐 분할 상환을 해도 무방하다.

제 4 절 | 의존재원

국가와 지방자치단체 간의 의존재원으로는 지방교부세와 국고보조금이 있고, 같은 맥락에서 특별시·광역시와 자치구 간에는 조정교부금과 시비보조금이, 광역시·도와 시·군 간에는 재정보전금과 시·도비 보조금이 있다.

1 지방교부세

1) 의의

지방자치단체 간의 재정적 불균형을 조정함으로써 지방행정의 건전한 발전을 기함을 목적으로 용도를 정하지 않은 자금이다.

교부세의 재원은 ① 해당 연도의 내국세(목적세 및 종

합부동산세와 다른 법률에 따라 특별회계의 재원으로 사용되는 세목의 해당 금액은 제외) 총액의 19.24%에 해당하는 금액, ② 종합부동산세법에 따른 종합부동산세 총액, ③ 내국세 예산액과 그 결산액의 차액으로 인한 교부세의 차액을 정산한 금액, ④ 종합부동산세 예산액과 그 결산액의 차액으로 인한 교부세의 차액을 정산한 금액으로 교부하는 자금이다(지방교부세법 제4조).

2) 기능

(1) 자주성 보장

지방교부세는 국고에서 지출되는 것이지만 일단 교부된 재원은 용도를 지방 자치단체가 자유롭게 결정할 수 있는 일반재원이다.

(2) 재원의 균형화

자치단체 간의 재정적 불균형을 조정하여 재정력의 균형화를 도모하는 기능이 있다.

(3) 재원 보장 기능

기준재정수요액이 기준재정수입액을 초과한 때 일정한 보정을 가한 수준이 해당 자치단체의 재원으로 보장되고 있다.

3) 종류

(1) 보통교부세

분권교부세액 및 지방양여금 도로사업 보전분(2005~2011년간 8,500억 원 배분)을 제외한 교부세 총액의 96%에 해당하는 금액을 재원(지방교부세법 제4조 ②)으로 매년도 기준재정수입액이 기준재정수요액에 미달하는 자치단체에 미달액을 기준으로 교부되는 일반재원이다(지방교부세법 제6조 ①). 이에 따라 <표 12-9>와 같이 서울과 수원 등 7개 지방자치단체는 기준재정수입액이 기준재정수요액을 초과하여 보통교부세의 불교부단체이다.

〈표 12-9〉 2009년도 보통교부세 교부 현황

(단위: 억 원)

구분	단체 수			보통교부세 교부액	비고 (불교부단체)
	계	교부	불교부		
계	177	170	7	240,925	
특별시	1	-	1	-	서울
광역시	6	6	-	19,466	
도	9	9	-	45,777	
시	75	69	6	83,279	수원, 성남, 고양, 과천, 용인, 화성
군	86	86	-	92,403	

※ 자치구(69개)는 특별·광역시 본청에 합산하여 산정, 제주특별자치도는 보통교부세재원의 3%를 정액 교부.

자료: 행정안전부, 2009년도 지방자치단체 예산개요, p. 53.

(2) 특별교부세

분권교부세액 및 양여금 도로사업 보전분을 제외한 교부세 총액의 4%에 해당하는 금액을 재원으로 다음의 경우에 교부한다(지방교부세법 제9조).

① 기준재정수요액의 산정 방법으로는 파악할 수 없는 지역 현안에 대한 특별한 재정 수요가 있는 경우: 특별교부세 재원의 100분의 30에 해당하는 금액

② 보통교부세의 산정 기일 후에 발생한 재해를 복구하거나 재해 예방을 위한 특별한 재정 수요가 생기거나 재정수입이 감소한 경우: 특별교부세 재원의 100분의 50에 해당하는 금액

③ 국가적 장려사업, 국가와 지방자치단체 간에 시급한 협력이 필요한 사업 또는 지역 역점 시책 등 특별한 재정 수요가 있을 경우: 특별교부세 재원의 100분의 20에 해당하는 금액

(3) 분권교부세

내국세 총액의 0.94%에 해당하는 금액을 재원으로 국고보조사업을 이양받은 지방자치단체에 교부한다. 분권교부세는 지방이양사업과 관련된 인구 등의 통계 자료와 종전의 국고보조금 지원 수준 등을 고려하여 대통령령으로 정하는 바에 따라 산정한다. 분권교부세에 관한 규정은 2009년 12월 31일까지 효력을 가지고 2010년부터는 폐지되어 보통교부세에 통합 운영될 예정이었으나 2010

년 1월 1일 부칙이 개정되어 2014년 12월 31일까지 효력을 갖게 되었다.

(4) 부동산교부세

부동산교부세의 재원은 종합부동산세 총액과 지방교부세법 제5조 제2항의 규정에 의한 정산액으로 했다(지방교부세법 제4조 ②의 4). 부동산교부세는 전액 지방자치단체에 교부해야 하며 교부 기준은 부동산 세제 개편에 따른 지방자치단체의 세수 감소분을 기초로 산정하되, 재정 여건, 지방세 운영 상황 등을 감안하여 대통령령으로 정하도록 했다(지방교부세법 제9조의 3).

4) 문제점

지방교부세의 산정 방식은 다음과 같은 문제점이 있다.

① 인구 규모가 클수록 유리하다.

② 자치단체의 징세 노력을 제고하는 유인 체제가 미흡하다.

③ 재정 운용의 효율성을 제고하는 유인 체제가 미흡하다.

5) 개선 방안

(1) 교부세율의 상향 조정

지방자치의 실시에 따른 행정 수요의 증가와 중앙과 지방 간의 기능 재조정에 따른 재정 수요의 증가에 대응하기 위해서는 교부세율의 상향 조정이 필요하다.

(2) **징세 노력의 제고 위한 제도적 보완**

지방자치단체의 징세 노력을 반영할 수 있는 제도적 보완이 필요하다.

(3) **재정 운영의 효율성 제고**

재정 운영의 건전성이나 적정성을 제고하는 경우에는 적절한 인센티브가 주어져야 한다.

(4) **수평적 불균형 완화**

배분 기준 결정시 인구 및 경제 규모가 큰 지역에 유리한 문제점을 보완해야 한다.

(5) **특별교부세(교부세 총액의 4%)의 비중 축소**

본래의 취지 외에 국회의원의 지역구 숙원사업 해결을 위한 수단 등 정치적으로도 많이 이용되는 특별교부세의 비중을 축소해야 한다.

＊특별교부세의 문제점

2003년 기준 1조 1,800억 원 규모로서 국회의원들이 자기 지역구 민원을 해결하는 용도나 대통령이 국회의원을 설득하거나 협조를 이끌어 내는 수단으로 사용된 경우가 많다. 노무현 대통령은 2003년 3월 24일 행정자치부 업무보고시 "특별교부금(특별교부세)제도가 행정과 정치에 대한 신뢰를 깎아 먹는 데 크게 작용하고 있다. 국회의원들이 특별교부금(특별교부세)으로 지역에 가서 큰 소리치거나 행정자치부 장관이 자의적으로 쓸 수 있는 부분은 없어져야 한다"고 말하며, "특별교부금(특별교부세)을 보통교부금(보통교부세)에 흡수하는 폐지 방안까지 포함해 근본적 개선 방안을 강구하라"고 지시했다(한겨레21, 2003. 4. 10: 34-36).

*** 특별교부세의 규모 축소**

2003년 12월 29일 지방교부세법 개정안이 국회에서 의결됨에 따라 2005년부터 특별교부세가 교부세 총액의 11분의 1인 9.09%에서 4%로 축소되었다.

〈표 12-10〉 연도별 지방교부세 교부 현황

(단위: 백만 원)

연도별	계	보통교부세	특별교부세	분권교부세	증액교부금
2000	8,266,546	7,468,678	746,868	-	51,000
2001	12,288,992	11,119,539	1,111,953	-	57,500
2002	12,259,400	10,884,910	1,088,490	-	286,000
2003	14,910,674	12,238,522	1,223,852	-	1,448,300
2004	14,469,054	13,012,867	1,301,566	-	154,900
2005	19,484,517	17,927,570	711,566	845,381	-
2006	20,441,392	18,691,488	743,396	1,006,508	-
2007	23,307,694	21,316,202	852,759	1,138,733	-
2008	28,213,686	25,795,852	1,039,411	1,378,423	-
2009	27,279,107	24,942,490	1,003,854	1,332,763	-

주) 1. 2008년도까지는 최종 교부액(추경 및 정산분 포함)이며, 2009년도는 당초 예산 기준이고 보통교부세에는 양여금 도로보전분(850,000백만 원)이 포함됨.

2. 2005년에는 증액교부금 제도가 폐지되고, 분권교부세제도 신설됨.

자료: 행정안전부, 2009년도 지방자치단체 예산개요, p. 55.

2 국고보조금

1) 의의

국가가 정책상 혹은 자치단체의 재정 사정상 필요하다고 인정될 때에 자치단체의 업무 수행에 소요되는 경비의 일부 또는 전부를 충당하기 위해 용도를 특정하여 자치단체에 교부하는 자금

2) 특성

(1) 특정재원 - 용도가 정해진 특정재원이다.

(2) 의존재원 - 국가로부터 교부되는 자치단체의 의존재원이다.

(3) 지방비 부담

국가는 지방자치단체에 보조금을 교부하는 경우 법령 또는 조례가 정하는 경우와 국가 시책상 부득이한 경우 외에는 재원 부담 지시를 할 수 없다(지방재정법 제23조). 그러나 보조사업마다 지방자치단체의 부담이 수반되는 경우가 대부분이다.

3) 종류

(1) 교부금

국가의 사무를 지방자치단체에 위임했을 경우에 부담

하는 경비

(2) 국고부담금

지방자치단체가 행하는 사업 중 그 성질상 국가의 책임 정도에 따라 전부 또는 일부를 부담하는 경비

(3) 협의의 국고보조금

지방자치단체에 대해 특정 사업의 실시를 권장하거나 재정을 지원하는 자금

4) 장 · 단점

(1) 장점

① 통일적 행정 수준의 확보

행정 서비스의 수준을 국가적 차원에서 통일할 수 있다.

② 사회간접자본의 확충

지방자치단체의 사회간접자본(SOC)의 확충에 기여한다.

③ 특수 재정 수요에 대응

긴급하고 규모가 큰 특수 재정 수요의 재원을 보전한다.

④ 외부효과에 대처

행정 서비스의 효과가 해당 구역을 넘는 경우 서비스를 제공하는 자치단체의 재원을 보전한다.

(2) 단점

① 지방행정의 자주성 침해

보조 조건에 의한 지시와 간섭으로 인해 지방행정의 자주성이 침해될 우려가 있다.

② 지역 실정과 괴리

획일적 보조 조건으로 지역 실정과 괴리될 우려가 있다.

③ 재정 격차 심화 가능성

획일적 보조 조건으로 재정력이 약한 자치단체는 지방비 부담의 수용이 곤란하여 재정 격차의 심화 가능성이 있다.

④ 지방재정의 압박

예외적인 경우 외에는 자치단체에 재정적 부담을 부과

〈표 12-11〉 연도별 국고보조금 및 지방비 부담 현황

(단위: 억 원)

구분	2004	구성비	2005	구성비	2006	구성비	2007	구성비	2008	구성비	2009	구성비
국고보조사업	188,693	100	230,391	100	261,525	100	319,721	100	350,107	100	417,716	100
국고보조금	125,007	66	153,502	67	183,316	70	209,006	65	227,670	65	265,387	64
지방비부담	60,022	34	73,337	33	73,885	30	96,721	35	122,437	35	152,329	36

주) 2004~2008: 행안부가 중앙부처로부터 받은 국비 및 지방비 부담액 기준, 2009: 자치단체가 당초 예산으로 편성한 금액 기준.

자료: 행정안전부, 2009년도 지방자치단체 예산개요, p. 72.

할 수 없으나 국고보 조금에 따른 지방비 부담의 증가율이 일반재원의 증가율을 상회하여 지방재정을 압박하는 요인이 되고 있다.

3 조정교부금

1) 의의

특별시장 및 광역시장은 시세수입 중의 일정액을 확보하여 조례가 정하는 바에 의해 당해 지방자치단체의 관할 구역 안의 자치구 상호간에 재정력의 불균형을 조정해 주는 재원이다(지방자치법 제173조).

자치구 간의 재정적 불균형을 해소하고 일정한 행정수준을 확보하기 위한 것으로 교부율, 산정 방법, 교부시기 등은 해당 특별시나 광역시의 '자치구의 재원 조정에 관한 조례'에 의해 이루어진다.

2) 재원

특별시 및 광역시가 부과하는 취득세 및 등록세의 합산액에 자치단체의 조례가 정하는 일정한 조정률을 적용하여 조성된 재원이다. 조정률은 조례에 규정되어 있기 때문에 자치단체에 따라 다양하다. 2008년 12월 말 기준 조정률은 서울특별시 50%, 부산광역시 55%, 인천광역시 50%, 대구광역시 56%, 광주광역시 70%, 대전광역시 68%, 울산

광역시 58%이다.

3) 배분 방법

(1) 일반교부금

지방교부세 중 보통교부세의 교부 방법과 유사하다. 조정교부금의 90%를 교부하며, 교부 방식은 기준재정수요액에서 기준재정수입액을 차감한 재정부족액을 기준으로 교부율을 곱해 산정한다.

(2) 특별교부금

보통 조정교부금의 10%(부산광역시는 5%)가 특별교부금의 재원이 되며 그 용도는 특별교부세와 유사하다. 서울특별시의 특별교부금이 교부되는 경우는 다음과 같다(서울특별시자치구의 재원 조정에 관한 조례 제10조 특별교부금의 교부).

① 재해로 인한 특별한 재정 수요가 있어 예비비를 포함한 당해 자치구의 재원으로 충당할 수 없는 경우

② 자치구의 청사 기타 공공시설의 신설·복구·보수 등의 사유로 인한 특별한 재정 수요가 있어 시장이 필요하다고 인정하는 경우(개정 1995. 11. 20)

③ 기타 예산 성립 후에 특별한 재정수입의 감소가 있거나 특별한 재정 수요가 있어 시장이 필요하다고 인정하는 경우

4 재정보전금

1) 의의

시·도지사(서울특별시장을 제외)가 시·군에서 징수하는 광역시세 ·도세 수입의 일부를 재정보전금으로 확보하여 인구, 징수 실적, 당해 시·군의 재정 사정 그 밖에 대통령령이 정하는 기준에 따라 관할 구역 안의 시·군에 배분하는 재원이다(지방재정법 제29조).

2) 재원

광역시와 도의 관할 구역 안의 시·군에서 징수하는 광역시세·도세(공동시설세와 지방교육세는 제외)의 27%에 해당하는 금액이다. 인구 50만 이상의 시와 자치구가 아닌 구가 설치되어 있는 시의 경우에는 47%에 해당하는 금액이다(지방재정법 제29조).

3) 배분 방법

일반재정보전금·시책추진보전금 및 특별재정보전금의 구체적인 배분 기준·산정 방법 및 배분 시기 등에 관하여는 시·도 조례로 정한다(지방재정법 시행령 제36조).

(1) 일반재정보전금

시·군의 행정 운영에 필요한 재원을 보전하기 위한

것으로 재정보전금 총액의 100분의 90에 해당하는 금액으로 한다. 일반재정보전금의 배분은 일반재정보전금 총액에서 특별재정보전금을 공제한 총액의 100분의 50에 해당하는 금액은 당해 시·군의 인구 수에 따라 배분하고, 100분의 40에 해당하는 금액은 당해 시·군의 광역 시세·도세 징수 실적에 따라 배분하며, 100분의 10에 해당하는 금액은 재정력 지수가 1 미만인 시·군을 대상으로 1에서 당해 시·군의 재정력 지수를 뺀 값을 기준으로 배분한다.

(2) **시책추진보전금**

시·군의 지역개발사업 등 시책 추진을 지원하기 위한 것으로 재정보전금 총액의 100분의 10에 해당하는 금액으로 한다.

(3) **특별재정보전금**

지방교부세법 제6조 제1항의 규정에 의한 보통교부세가 교부되지 아니하는 시·군에 대해 그 재정적 결함을 보전하기 위해 지급하는 것으로 재원은 일반재정보전금의 일부 금액으로 하되, 경기도의 경우에는 일반재정보전금의 100분의 25에 해당하는 금액으로 하고, 경기도를 제외한 시·도(특별시는 제외)의 경우에는 행정안전부장관이 정하는 범위 안에서 시·도 조례가 정하는 비율에 해당하는 금액으로 한다. 특별재정보전금은 당해 시·군의 재정 결함 금액에 비례하여 배분하되, 인구가 20만 미

〈표 12-12〉 연도별 시·도비 보조금 및 교부금 교부 현황(총계)

(단위: 억 원)

연도별	계	시·도비보조금	교부금
2004	115,232	54,735	60,497
2005	110,254	52,163	58,091
2006	121,234	58,914	62,320
2007	138,556	68,657	69,899
2008	146,870	79,716	67,154
2009	131,629	69,776	61,854

주) 2008년까지는 최종 예산액, 2009년도 당초 예산액.
자료: 행정안전부, 2009년도 지방자치단체 예산개요, p. 77.

만인 시·군의 재정 결함 금액의 70%를 우선 배분해야 한다.

5 시·도비 보조금

시·도는 시책상 필요하다고 인정할 때 또는 시·군 및 자치구의 재정 사정상 특히 필요하다고 인정할 때 예산의 범위 안에서 시·군 및 자치구에 보조금을 교부할 수 있다(지방재정법 제23조 ②).

〈표 12-13〉 2009년도 광역자치단체에서 기초자치단체로의 재원 이전(총계)

(단위: 억 원, %)

구분	계	구성비	시 · 도비 보조금	구성비	교부금	구성비
계	131,629	100	69,776	100	61,854	100
특별자치구	26,454	20	8,141	12	18,313	30
(광역시)	34,315	26	17,592	25	16,723	27
군	2,785	2	2,162	3	623	1
자치구	31,530	24	15,430	22	16,100	26
(도)	70,860	54	44,042	63	26,818	43
시	52,156	40	28,795	41	23,361	38
군	18,704	14	15,247	22	3,457	6

자료: 행정안전부, 2009년도 지방자치단체 예산개요, p. 77.

제13장 지방자치와 정당

* 지방자치와 정당정치
  - 민주주의와 정당
  - 지방자치와 지방정치
  - 지방정치와 중앙정치

* 찬성론
  - 주민의 의견 수렴 및 정책 반영
  - 정당정치의 발전
  - 정치적 교육 및 훈련
  - 후보자 선택의 용이
  - 책임정치의 구현
  - 집행기관에 대한 효율적 통제와 감독

* 반대론
  - 지방분권성의 파괴
  - 비민주적 정당 운영
  - 의회와 단체장의 대립 격화
  - 정권 교체에 따른 혼란의 파급
  - 선거 과열 및 정당 대립의 심화

* 지방자치와 중앙정치의 관계 유형 ─┬ 우호적 관계
  ├ 중립적 관계
  └ 수단적 관계

* 지방자치와 정당정치의 방향 –
  주민의 높은 자치 의식으로 부정적 측면 최소화

제1절 | 서 론

1991년 지방자치가 부활되어 지방의원 선거를 하기에 앞서서 지방선거에 정당 참여를 허용할 것인가에 대한 논란이 다양하게 전개되었다. 이러한 논란은 정당 배제론이 우세했으나 기초의원선거에서만 정당을 배제하는 지방의원선거법이 제정되었다. 그 후 1995년 전국동시지방선거를 앞두고 개정된 법률에서는 기초의회 의원선거를 제외하고 정당은 선거구별로 소속 당원을 후보자로 추천할 수 있게 했다(공직선거 및 선거부정방지법 제47조 ①).

그러나 지방선거에 정당 참여를 허용하는 것이 바람직한 것인지에 대한 논란은 오늘날까지도 이어지고 있다. 그 이유는 정당 참여에 따라 긍정적 측면과 부정적 측면이 공존하기 때문이다.

2005년 8월 4일의 공직선거법 개정에 따라 기초의원을 제외하지 않고 정당은 선거에서 선거구별로 선거할 정수 범위 안에서 그 소속 당원을 후보자로 추천할 수 있게 되었다(공직선거법 제47조①).

제 2 절 | 지방자치와 정당정치

1 민주주의와 정당

근대적 정당이 기존 권력에 대한 항거의 형태로서 나타났으므로 최초의 정당은 절대주의 관료와 지주 세력 등에 의해 증오의 대상이었고, 근대 초기의 민주주의 사상가들에 의해서도 정당은 환영을 받지 못했다. 그들은 정당이 당파심의 발로로 인해, 마침내 애써 이룩해 놓은 근대국가의 '국민적 통일'을 저해하게 될 것으로 생각했던 것이다.

그러나 정당은 네 단계(적대시의 단계, 무시의 단계, 승인과 합법화의 단계, 헌법적 융합의 단계)를 거쳐서 마침내 현대 민주국가의 핵심적 정치집단으로 인정받게 되었다(이극찬, 2002: 362).

2 지방자치와 지방정치

지방자치에 정치적 성격이 존재하는지의 여부에 대해서는 다음과 같은 논란이 있다.

1) 부정론

지방자치는 주민의 일상생활과 직결된 행정 서비스 제공을 중점으로 하므로 정치적 성격보다는 행정적 성격이 강하다는 것이다. 따라서 정당이 개입하면 정치적 이해관계에 의해 행정이 왜곡될 수 있다는 견해이다.

2) 긍정론

(1) 정치적 투쟁 장소의 차이

국가의 정치나 지방의 정치는 오직 정치적 투쟁의 장소만을 달리하는 차이에 불과하므로 지방자치의 정치적 성격, 즉 지방정치의 존재를 부인하지 않는다.

(2) 지방적 정치문제 결정권

지방자치의 실태가 자치인 이상 단순한 정책의 집행에 그치는 것이 아니라 지방적 정치문제 결정의 자주권이 있으므로 지방자치의 존재를 부인함은 현실적으로 곤란한 일이다.

(3) 집단현상설

정치를 오직 국가에만 특유한 현상이 아니라, 사회집단 또는 모든 공공단체의 공동사무 수행 과정에서 보이는 현상이라고 보는 집단현상설의 측면에 의하더라도 지방정치의 존재를 부정할 수는 없을 것이다.

3 지방정치와 중앙정치

1) 지방정치와 중앙정치의 차이

정치의 대상에서 양자간에 차이가 존재하는 것은 양자의 특성상 당연하다. 그러나 양자의 대상은 고정 불변한 것이 아니라 시대와 국가에 따라서 달라지는 것이며, 일반적으로 중앙정치는 전국적 이해 관계를 주된 대상으로 하고, 지방정치는 지방적 이해 관계를 주된 대상으로 한다.

2) 지방정치와 중앙정치의 관계

중앙정치와 지방정치와의 관계는 정당을 통해 이루어지며, 지방자치에서 정당적 요소를 배제할 경우에는 중앙정치와 지방정치 간의 직접적인 관계는 존재하지 않는다. 이 경우 양자 간의 관계를 매개하는 직접적 통로가 제도화되어 있지 않기 때문이다.

제 3 절 | 지방자치와 정당 참여

지방자치에 정당의 참여에 대해서는 찬반 양론이 있으며, 각각의 논거는 다음과 같다(정일섭, 1990: 150-151).

1 찬성론

1) 주민의 의견 수렴 및 정책 반영

복잡하고 이질화된 현대 사회에서 주민의 의견을 골고루 수렴하여 조직화하고, 정책에 반영하기 위해서는 중개적 역할을 할 기구가 필요한데, 이러한 역할을 할 수 있는 기구가 정당이다.

2) 정당정치의 발전

지방자치에 정당이 참여하면 정당의 역할과 중요성에 대한 인식이 강화될 뿐 아니라 정당원들의 정치 참여의 기회와 장이 확대되어 정당의 지방조직이 활성화되어 정당정치의 발전에 기여할 것이다.

3) 정치적 교육 및 훈련

지방의 정치인들이 지방정치의 무대에서 정치 훈련을

받으면서 충분한 경험을 축적하여, 중앙의 정치무대에 진출하는 교육 및 훈련의 장으로서 기능을 수행한다.

4) 후보자 선택의 용이

지방선거에 출마하는 입후보자들이 정당을 표방할 수 있어야 정당의 성격, 정강 정책 등과 관련하여 후보자 선택이 용이하다.

5) 책임정치의 구현

자치단체장 및 지방의원의 소속 정당이 있어야 임기 동안의 활동 성과를 바탕으로 다음 선거에서 책임정치의 구현이 용이하다.

6) 효율적 통제 감독

지방의회의 집행기관에 대한 감시와 통제가 정당조직을 통해 이루어질 때 더욱 체계적이고 효율적으로 이루어질 수 있다.

2 반대론

1) 지방분권성의 파괴

지방자치에 정당이 참여하면 정당조직을 통해 중앙정치에 연계되어 영향을 받으므로 지방자치의 핵심인 지방분권성이 파괴될 수 있다.

2) 비민주적 정당 운영

정당의 비민주적 운영은 지방의 문제가 지방 주민들에 의해 결정되기보다는 공천 부조리와 당리당략에 의해 지방자치를 제약한다.

3) 의회와 단체장의 대립 심화

기관대립형의 경우 지방의회의 다수당과 단체장의 소속 정당이 다른 경우는 중앙에서의 정당 간의 대립과 갈등이 지방에까지 확산·재연될 우려가 크다.

4) 정권 교체에 따른 혼란의 파급

자유민주국가의 경우 복수정당제가 인정되므로 정권 교체의 가능성은 항상 존재하며, 중앙정치에서 정권 교체에 따른 혼란은 정당을 통해 지방자치에도 영향을 미친다.

5) 선거 과열 및 정당 대립의 심화

지방선거에 정당이 참여하면 선거는 단순히 지역의 대표자를 선출한다는 의미 외에 정당의 당세를 확장하기 위해 선거가 더욱 과열되고 정당 간의 대립이 심화될 우려가 있다.

제 4 절 | 지방자치와 중앙정치의 관계 유형

중앙정치의 지방자치에 대한 개입의 여지는 충분히 인정된다. 그러나 문제가 되는 것은 개입 그 자체가 아니라 개입의 성질이나 내용인 것이다. 양자의 관계를 다음과 같이 나누어 볼 수 있다.

1 우호적 관계

지방자치를 육성하고, 자치의 과정에서 제기된 문제점을 제거하고 시정하려고 노력하는 협조 또는 우호적 관계 유형이다.

2 중립적 관계

지방자치의 실시에 대해 중립적 태도를 유지하는 것으로, 지방자치에 대해 나름대로 영역상의 독립성과 자율성을 인정하는 관계 유형이다.

3 수단적 관계

지방자치를 중앙정치의 수단으로 인식하여 후보자의 공천, 지방의회 운영에 적극 관여하는 유형이다.

그런데 우리나라의 지방자치에 대한 1950년대 및 최근의 경험에 비추어 보면 지방자치를 중앙정치의 당리·당략적 도구로 이용할 가능성은 매우 크다고 할 수 있다. 1952년 최초의 지방선거가 대통령 직선제 개헌을 추진하기 위한 의도로 시작된 면이 크고, 그 후에도 당리당략에 의해 지방자치법이 여러 차례 개정된 경험이 있기 때문이다. 따라서 지방자치가 성공적으로 운영될 수 있는 정당정치의 방향은 지방자치를 당리·당략적 수단으로 이용하려는 중앙정치의 의도를 배제하는 데 있다고 할 수 있다.

제 5 절 | 한국의 지방자치와 정당정치의 방향

지방자치에 정치적 성격이 존재한다면 지방자치에 정당 참여를 인정하는 것은 당연하다. 그럼에도 정당 참여 여부에 대한 논란이 지속적으로 제기되는 이유는 정당 참여에 따른 폐해를 우려한 때문이다. 지방자치에 정당 참여를 인정하는 경우는 위에서 살펴본 바와 같이 긍정적 측면과 부정적 측면이 공존한다. 그런데 정치 발전 정도가 낮고 지방자치의 역사가 짧은 우리의 자치 현실은 부정적 측면에 대한 우려가 크다. 그러한 우려는 정당 참여 그 자체보다는 정당정치의 발전 정도가 낮은 데 그 원인이 있다. 따라서 지방자치의 정치적 성격을 인정한다면 정당 참여는 지방자치가 지향해야 할 방향이다. 다만 정당 참여로 인한 부정적 측면을 최소화하기 위한 노력이 필요하다. 이러한 노력은 궁극적으로는 주민의 높은 자치 의식과 지방자치에 대한 관심에 의해 극복되어야 할 과제이다.

제14장 지방자치의 발전 과제

* 지방자치의 환경 변화
  - 정보화
  - 도시화
  - 고령화
  - 세계화
  - 분권화

* 지방자치의 발전 방향
  - 주민 참여의 활성화
  - 자치권의 확대
  - 사무의 적정 배분
  - 행정적·재정적 능력의 강화

제1절 | 서 론

지방자치를 풀뿌리 민주주의라고 한다. 그 이유는 지방자치가 가장 기초적이고 기본적인 민주주의의 한 형태이기 때문이다. 주민과 가장 가까운 곳에서 실현되는 민주주의의 한 형태이므로 풀뿌리 민주주의라고 하는 것이다.

그런데 우리나라의 민주주의는 우리 스스로의 역사적 배경 속에 등장한 것이 아니다. 이런 면에서 우리나라의 민주주의를 제2차 세계대전 후 연합군이 가져다 준 선물이라고도 한다. 민주주의가 군주에 대한 시민의 투쟁을 통해 이루어낸 것이 아니라, 그러한 과정 없이 완성된 것을 외국으로부터 수입한 것이기 때문이다.

지방자치 또한 같은 처지에 있다. 1949년에 법이 제정되고 1952년 처음 시작된 지방자치는 1961년 5·16 군사쿠데타에 의해 정지되었었다. 그 후 1991년에 부활되어 지방의원을 선출하고, 1995년 단체장과 의원을 동시에 선출한 후 2002년 6월 제3회 전국동시지방선거를 치렀다. 그런 면에서 우리나라 지방자치의 역사는 여전히 미약하다고 하지 않을 수 없다.

그러나 지방자치가 우리 사회에 아직 굳건히 뿌리내리지 못한 상황에서도 지방자치를 둘러싼 환경은 급격히 변화하고 있다. 지방자치는 주민의 일상생활과 직결되는 문제를 처리해서 주민의 복리 증진에 기여하는 제도이다. 따라서 지방자치가 주민의 복리 증진이라는 본래의 취지를 효과적으로 달성하기 위해서는 지방자치도 변화하는 환경에 적절히 대응해야 한다. 여기서는 자치환경의 변화를 먼저 살펴보고 지방자치의 발전 방향을 제시하고자 한다.

제 2 절 | 지방자치의 환경 변화

1 정보화

토플러(Alvin Toffler)는 그의 저서 『제3의 물결』에서 농업사회와 공업사회에 이은 정보사회의 도래를 예견했는데, 이는 물질이나 에너지의 가치보다 정보의 가치가 중시되는 사회를 말한다. 정보화란 정보의 생산과 활용이 확장되는 사회 현상을 말하는데, 주로 컴퓨터를 이용한 정보처리 기술과 통신 기술의 발달로 인해 도래하는 미래형 사회의 특징을 말한다(방석현, 1989: 29). 우리나라도 컴퓨터와 통신기기의 발달로 세계적 수준으로 인터넷이 보급된 것이 말해 주듯이 이미 상당한 수준의 정보화 사회에 접어들었다.

2 도시화

도시화는 세계적인 현상이다. 특히 우리나라의 도시화는 세계에서도 유례를 찾을 수 없을 정도로 급격한 도시화가 진행되고 있다. 서울특별시와 광역시를 합한 인구만도 전체 인구의 50% 정도에 달하고 있다(행정자치부, 2001: 5). 그 외에 인구 2만 이상의 시 또는 읍을 포함한 도시 지역의 인구는 2001년에 이미 42,366천 명으로 도시화율이 87.7%에 달하고 있다(행정자치부, 2003: 18). 이 같은 도시화는 교통, 주택, 환경 등 다양한 도시문제를 야기할 것이고, 농촌 지역에는 상대적으로 공동화 현상을 초래할 것이다.

3 고령화

통계청이 발표한 2002년 5월 발표한 「시 · 도별 인구 추계」에 의하면 65세 이상 노인은 2000년 339만 명에서 2030년에는 1,160만 명으로 30년 동안 821만 명 늘어날 전망이다. 전체 인구에서 65세 이상 노인의 비중이 2000년 7.2%에서 2030년에는 국민 네 명 중 한 명꼴인 23.1%로 늘어나게 된다. 이에 따라 2000년에 젊은층(15~64세) 열 명이 한 명꼴로 65세 이상 노인을 부양했으나, 2030년에는 세 명이 한 명꼴로 부양해야 한다. 이같이 급격한 고령화는 사회적으로 더 많은 문제를 야기하게 될 것이다.

4 세계화

세계화는 국경을 초월하여 국가 간의 교역과 교류가 활발히 전개되는 것을 의미한다. 오늘날 세계화는 특정 국가의 의지와는 무관하게 이미 하나의 현상으로 나타나고 있고, 지속적으로 심화되고 있다. 이에 따라 지방자치단체도 국가를 통하지 않고 직접 외국과의 교역과 교류에 적극적으로 나서고 있다. 아울러 외국인 노동자를 비롯한 외국인 수의 증가는 지방자치단체에 새로운 행정수요를 출현시켰다.

5 분권화

21세기 지식정보 사회의 변화된 정치 환경은 국가 운영의 패러다임을 통치(統治, government)에서 협치(協治, governance)로, 관(官)에서 민(民)으로, 중앙에서 지방으로, 소외에서 참여로 전환을 요구하고 있다. 또한 세계화로 인해 지방이 직접 국제적 관계를 유지·발전시킬 수 있게 되었고, 지역경쟁력 강화를 위해 노력하지 않으면

안 되게 되었다(정부혁신지방분권위원회, 2003: 1). 제4장에서 설명한 바와 같이 21세기에 들어서서 선진 외국에서는 지방분권을 적극적으로 추진하고 있다.

6 민주화

우리나라의 민주주의는 1987년 6·29선언을 통해 커다란 발전의 계기를 맞게 되었다. 이후 군사정권을 종식시키고 문민정부가 들어섰으며, 이제는 평화적 정권 교체의 전통도 수립되었다. 5·16 군사쿠데타 이후 30여 년간의 암울한 군사정권 시절이 있었지만, 짧은 민주주의 역사에 비하면 단기간에 괄목할 만한 민주화를 이룩하여 인권이 신장되고 참여가 활성화되었다고 할 수 있다.

이러한 환경의 변화가 지방자치에 미치는 영향을 살펴보면 대내적으로는 다양하게 제기되는 행정 수요를 충족시켜야 함은 물론 행정 수요 간의 갈등을 효과적으로 조정해야 할 것이고, 대외적으로는 국가경쟁력 강화를 위해 일정한 기여를 해야 할 것이다.

제 3 절 | 지방자치의 발전 방향

자치환경의 변화에 따라 지방자치가 본래의 취지인 주민의 복리 증진에 기여하기 위해서는 먼저 주권자인 주민의 참여가 활성화되어야 하고, 지방자치단체의 실질적인 자치 능력이 확보되어야 할 것이다. 실질적인 자치 능력은 법적인 차원의 자치권과 사무의 배분, 그리고 행정적·재정적 능력에 의해 결정된다.

1 주민 참여의 활성화

1) 시민 의식의 향상

집단행동의 논리상 대부분의 주민은 개인적 이해가 관련되지 않는 공적 문제에는 관심을 보이지 않고, 누가 대신 해결해 주기를 바라는 무임승차의 태도를 보이기 쉽다. 개인이 문제 해결에 직접 개입했을 때 들이는 비용보다 편익이 훨씬 적기 때문이다. 그러나 지방자치가 성공적으로 운영되기 위해서는 주민들이 지역의 공적 문제를 자신의 문제로 받아들여야만 한다. 특히 지방자치가 실시됨에 따라 참여의 기회가 확대되어 주민의 역할이 더욱 중요해졌다. 지방자치는 지역 문제에 대한 권한과 함께 책임도 지방에 이양되는 것을 의미한다. 따라서 주민은 지역의 공적 문제를 자신의 문제로 받아들이는 시민의식이 향상되어야 할 것이다.

2) 시민운동의 활성화

생활권의 확대와 인구 이동이 빈번해짐에 따라 지역에 대한 공동체 의식이나 지역적 연대감이 희박해지고 있는 것이 현대 사회의 보편적 모습이다. 더구나 이러한 현상은 대도시일수록 더욱 현저하게 나타나고 있다. 이같이 주권자인 주민이 자신의 문제에 무관심할 때 주민은 주권자가 아니라 단순한 통치의 대상으로 전락할 것이다. 따라서 주민은 지역의 공적 문제를 자신의 문제로 받아들여 깊은 관심을 기울여야 할 것이다. 그리고 주민의 관심과 참여는 개별적으로 이루어질 때보다 시민운동의 형태로 조직적이고 체계적으로 이루어질 때 문제 해결에 더 효과적으로 기여할 수 있다. 따라서 지방자치가 발전하기 위해서는 시민운동이 활성화되어야 한다.

2 자치권의 확대

지방자치는 지방의 사무를 자주적으로 처리할 수 있는 자치권이 확보되었을 때 주어진 목적을 달성할 수 있다. 그러나 앞에서 살펴본 바와 같이 자치권에 대해서는 많은 제약이 가해지고 있다. 따라서 자치입법권에서 지방자치법 제22조 단서상의 '법률의 위임'을 요하는 규정은 자치사무의 범위인 한 폐지되어야 마땅하다.

자치조직권에도 많은 제약이 가해지고 있다. 조례를 정하더라도 지방자치단체의 자주적인 판단에 의하는 것이 아니라 법령이 정한 바에 의하거나 감독기관의 승인을 얻거나 협의를 거치도록 한 경우가 많기 때문이다. 이 경우도 사전에 기준을 정해놓고 사후의 승인이나 협의 제도는 폐지되어야 마땅하다.

자치행정권에 대해서도 지방자치법에는 "지방자치단체는 관할 구역의 자치사무와 법령에 의하여 지방자치단체에 속하는 사무를 처리한다"(지방자치법 제9조 ①)고 규정하고 있다.

그러나 지방자치단체의 사무에 관한 자치단체장의 명령이나 처분이 법령에 위반되거나 현저히 부당하여 공익을 해한다고 인정될 때에는 시·도에 대하여는 주무부장관이, 시·군 및 자치구에 대하여는 시·도지사가 기간을 정하여 서면으로 시정을 명하고 그 기간 내에 이행하지 않을 때에는 취소하거나 정지할 수 있다. 따라서 이 규정도 법령 위반 여부에 대한 판단은 법원이 해야 마땅하고, 처분을 원하는 자가 법원에 제소하여 자신이 원하는 취소·정지를 구하는 소송을 제기하도록 해야 할 것이다.

자치재정권에 대해서도 지방자치법 제135조에 법률이

정하는 바에 의해 지방세를 부과·징수할 수 있다고 규정하고 있으므로 지방자치단체가 스스로 세목을 개발하여 스스로 결정한 세율에 따라 부과하는 것은 불가능하다. 그러나 지방자치단체는 자주적 과세권을 행사할 수 있어야 한다.

3 사무의 적정 배분

공공사무는 가능한 한 주민과 가장 가까운 기초자치단체에서 처리되어야 하고, 기초자치단체에서 처리될 수 없는 사무는 광역자치단체에서 처리하며, 광역자치단체에서 처리할 수 없는 사무는 중앙정부가 처리하는 것이 바람직하다. 중앙정부는 중앙정부만이 할 수 있는 기능 수행에만 전념함으로써 궁극적으로 국가경쟁력 강화에 기여할 수 있다.

사무배분은 현실적으로 중앙 정치권이나 정부의 이해관계와 지방자치단체의 행정적·재정적 능력과 주민의 자치 의식 수준에 의해 결정된다. 그러나 사무배분은 합목적성과 효율성에 따라 이루어져야 마땅하다.

합목적성은 중앙정부나 지방자치단체의 존립 목적에 맞추어 사무를 배분하는 것이다. 즉, 국가의 주권 행사와 관련하여 국방이나 외교 기능은 중앙정부에 배분하고 주민의 일상 생활과 직결되는 사무는 지방자치단체에 배분하는 것이다.

효율성은 가장 적은 비용으로 행정 서비스를 제공할 수 있는 지역적 크기에 따라 사무를 배분하는 것이다. 즉 규모의 경제에 따라 서비스 공급의 최적 규모가 될 수 있도록 사무를 배분하는 것이다.

4 행정적 · 재정적 능력의 강화

지방자치단체에 적정한 자치권과 기능 배분이 이루어졌다 할지라도 이를 효과적으로 처리할 수 있는 능력이 확보되지 않으면 지방자치는 성공적으로 이루어질 수 없다. 지방자치단체에 필요한 인적 토대와 물적 토대가 행정적 능력과 재정적 능력이다. 행정적 능력의 강화를 위해서는 전문성 강화를 위한 직렬의 세분화와 교육훈련제도의 개선이 시급하다. 아울러 공정한 인사를 위해서는 지방인사위원회 제도의 개선과 인사 교류의 제도화가 필요하다. 지방인사위원장을 민간인이 맡고, 인사 교류를 제도화하면 승진 기회의 불공평등 인사상의 불합리가 대폭 개선될 수 있을 것이다. 재정력 강화를 위해서는 먼저 지방교부세의 법정률을 인상하고, 국세의 지방세 이양이 이루어져야 한다. 그리고 자치단체 간의 재정적 격차를 완화하기 위해서는 지방교부세의 산정 방식과 지방양여금 제도의 개선도 이루어져야 한다.

제4절 | 결 론

지방자치제도의 현실적 모습은 중앙과 지방 간의 파워게임의 결과로서 존재한다. 따라서 지방의 노력 없이 지방자치의 발전은 기대할 수 없다. 우리에게 적합한 지방자치의 모델은 선험적으로 존재하는 것이 아니라, 주민의 노력으로 만들어 가야 할 대상이다. 따라서 지방자치의 발전은 일차적으로 주민 참여의 활성화에 의해 결정된다고 할 수 있다. 주민은 주권자임을 자각하고 권리의 행사와 의무의 이행에 충실해야 한다. 그렇지 못하면 주권자로서의 지위를 상실함은 물론이고 한낱 통치의 대상으로 전락하게 될 것이다. 민주주의라는 용어가 의미하듯이 주민이 주인 노릇을 못하면 주인 대접을 받지 못할 것이기 때문이다.

우리나라의 민주주의가 역사적 배경 없이 외부로부터 도입되었음에도 그 기간에 비해 민주주의는 매우 빨리 정착되고 있다고 할 수 있다. 주권자의 노력과 희생으로 군사독재 정권을 종식시키고 문민정부를 탄생시켰으며, 평화적 정권 교체의 전통도 수립되었다. 따라서 지방자치도 주권자인 주민의 관심과 참여가 뒷받침된다면 지역발전과 주민의 복리 증진에 기여하는 제도로 정착할 수 있을 것이다.

참고 문헌

국내 문헌

강명구(1994), “지방자치와 주민투표제,” 「지방자치정보」 제40호, 한양대학교 지방자치연구소.

권선택(1994), “도농통합형 행정구역 개편 방향,” 「도시문제」 6월호.

권형신 외, 1998, 「한국의 지방재정」, 서울: 도서출판 해냄.

김영수(1994), 「지방자치단체 간 분쟁조정 방안」, 한국지방행정연구원.

김학노(1994), 「지방행정의 이론과 실제」, 서울: 박영사.

김홍대(1999), 「지방자치입법론」, 서울: 박영사.

김홍식(1993), 「지역이기주의 극복을 위한 정책연구」, 한국지방행정연구원.

박응격(1995), “과연 주민편의 위주의 행정개혁인가: 행정구역 개편 추진 현황과 평가,” 「지방자치」 4월호.

방석현(1989), 「행정정보체계론」, 서울: 법문사.

서태윤(1985),「한국정부조직론」, 서울: 박영사.

손정목(1992a), 「한국지방제도・자치사연구(상): 갑오경장~

일제강점기」, 서울: 일지사.
———(1992b), 「한국지방제도 · 자치사연구(하): 미군정기~1961. 5. 16」, 서울: 일지사.
이극찬(2002), 「정치학」, 서울: 법문사.
임승빈(2006), 「지방자치론」, 서울: 법문사.
장지호(1992), 「지방행정론」, 서울: 대왕사.
정부혁신지방분권위원회(2003), 「참여정부 지방분권의 비전과 추진 방향」.
———(2008), 「참여정부의 지방분권」.
정세욱(2001), 「지방자치학」, 서울: 법문사.
정요섭(1982), "정치발전과 정당정치," 「현대사회」 봄호. 현대사회연구소.
정일섭(1990), "지방자치와 정당정치," 「행정학논집」 제11집, 청주대 행정문제연구소.
총무처(1994), 「중앙 · 지방사무총람 1」.
최양부 · 윤원근(1988), 「행정구역의 합리적 조정 방안」, 농촌경제연구원.
최창호(2001), 「지방자치학」, 서울: 삼영사.
통계청(2002), 「시 · 도별 인구 추계」.
한국지방행정연구원(1999), 「지방자치 · 행정 50년사」.
행정자치부(2001), 「지방자치단체 행정구역 및 인구 현황」.
행정자치부 지역진흥과(2003), 「한국도시연감 2002」.
홍준현(1997), 「시 · 군 통합에 의한 지방행정구역 개편의 영향평가」.
加藤勝美(1979), "胎動する廣域行政", 「地方制度の構造と實態」, 東京: きょせい.
老川祥一(2002), 「地方自治のしくみと役割」, 東京: 法學書院.
星野光南(1982), 「地方自治論」, 東京: きょうせい.

坂田期雄(1979),「地方制度の構造と實態」, 東京: ぎょうせい.
和田英夫(1965),「現代地方自治論」, 東京: 評論社.

국외 문헌

Adrain, Charles R.(1991), *State & Local Politics*, Chicago: Nelson-Hall Inc.

Harvey, J.(1983), *How Britain is Governed*, 3rd ed., London: Macmillan Education.

Hyman, David N.(1999), *Public Finance*, 6th ed., The Dryden Press.

Musgrave, R. A. and P. B. Musgrave(1989), *Public Finance in Theory and Practice*, 5th ed., McGraw-Hill Book Company.

Wright, Deil S.(1988), *Understanding Intergovernmental Relations*, Belmont: Cole Publishing Co.

찾아보기

ㄱ

ㄴ

ㄷ

저자 소개

정일섭(鄭一燮)

〈경 력〉

- 인하대학교 행정학과 졸업
- 서울대학교 행정대학원 졸업
- 행정학 박사
- 행정자치부, 지방행정혁신평가위원(역임)
- 인천광역시 인사위원회 위원(역임)
- 인천광역시 도시계획위원회 위원(역임)
- 인천광역시 재정계획 심의위원회 위원(역임)
- 영흥화력발전소 민관공동조사단장(현재)
- 요코하마시립대학 객원교수(2003)
- 현재 인하대학교 행정학과 교수(지방자치론, 인사행정론)

〈저 서〉

『인천지역의 이해』(공저), 1999, 인하대학교출판부
『지방의회의 이해』(공저), 2008, 박영사.
『한국지방자치론』, 2010, 도서출판 대영문화사.

〈논 문〉

- "지방자치와 시민운동," 1999, 『한국지방자치학회보』, 제11권 제3호.
- "지방자치와 관련된 용어에 대한 연구," 2000, 『한국정책과학학회보』, 제4권 제2호.
- "지방자치단체의 환경협정," 2000, 『한국행정학회보』, 제34권 제3호.
- "주민자치센터에 대한 연구," 2001, 『한국지방자치학회보』 제13권 제4호.
- "인사청문회제도에 대한 연구," 2003, 『한국지방자치학회보』, 제15권 제3호.
- "주민투표제도에 대한 평가," 2006, 『한국지방자치확회보』, 제18권 제4호.
- "주민소환제도에 대한 평가," 2009, 『한국지방자치학회보』, 제21권 제1호 외 다수

지방자치의 이해

펴낸날 / 제1판 제1쇄 2010년 3월 30일
지은이 / 정일섭
펴낸이 / 임춘환
펴낸곳 / 도서출판 대영문화사
주소 / 서울 용산구 청파동 1가 178-2 ㊐ 140-869
등록 / 1975년 12월 26일 제3-16호
전화 / (02)716-3883, (02)714-3062
팩시밀리 / (02)703-3839
우체국 온라인 / 011353-02-009106

ISBN 978-89-7644-337-3

〔값 13,000원〕